CERVEJA COM design

ADMINISTRAÇÃO REGIONAL DO SENAC NO ESTADO DE SÃO PAULO

Presidente do Conselho Regional: Abram Szajman
Diretor do Departamento Regional: Luiz Francisco de A. Salgado
Superintendente Universitário e de Desenvolvimento: Luiz Carlos Dourado

EDITORA SENAC SÃO PAULO

Conselho Editorial: Luiz Francisco de A. Salgado
Luiz Carlos Dourado
Darcio Sayad Maia
Lucila Mara Sbrana Sciotti
Luís Américo Tousi Botelho

Gerente/Publisher: Luís Américo Tousi Botelho
Coordenação Editorial: Ricardo Diana
Prospecção: Dolores Crisci Manzano
Administrativo: Verônica Pirani de Oliveira
Comercial: Aldair Novais Pereira

Edição e Preparação de Texto: Adalberto Luís de Oliveira
Revisão de Texto: Rodolfo Santana, Gabriela L. Adami (coord.)
Projeto Gráfico e Capa: Manuela Ribeiro
Coordenação de E-books: Rodolfo Santana
Impressão e Acabamento: Maistype

Proibida a reprodução sem autorização expressa.
Todos os direitos desta edição reservados à
Editora Senac São Paulo
Av. Engenheiro Eusébio Stevaux, 823 – Prédio Editora
Jurubatuba – CEP 04696-000 – São Paulo – SP
Tel. (11) 2187-4450
editora@sp.senac.br
https://www.editorasenacsp.com.br

© Editora Senac São Paulo, 2017

Dados Internacionais de Catalogação na Publicação (CIP)
(Jeane Passos de Souza – CRB 8ª/6189)

Gurgel, Miriam
    Cerveja com design / Miriam Gurgel, José Marcio
Fernandez Cunha – São Paulo: Editora Senac São Paulo,
2017.

    Bibliografia
    ISBN 978-85-396-1212-3

    1. Cervejarias : Arquitetura de interiores 2. Cervejarias:
Design de interiores 3. Cervejarias 4. Cerveja (Produção)
I. Cunha, José Marcio Fernandez. II. Título.

17-485s   CDD-725.2
                                                      663.42
                                            BISAC ARC007000
                                                  TEC012000

Índice para catálogo sistemático:

1. Cervejarias : Áreas comerciais : Arquitetura de interiores   725.2
2. Cerveja (Produção)   663.42

MIRIAM GURGEL | JOSÉ MARCIO FERNANDEZ CUNHA

CERVEJA COM design

EDITORA SENAC SÃO PAULO · SÃO PAULO · 2017

SUMÁRIO

Nota do editor **7**
Agradecimentos **8**
Dedicatória **10**
Introdução:
O design no universo da cerveja... **13**

1. ASSIM NASCEU A CERVEJA 25

Um erro divino **25**
Sumérios e Ninkasi: a deusa da cerveja **26**
Babilônia e o Código de Hamurabi **27**
Os egípcios e a agricultura a favor da cerveja **28**
Os gregos e a cerveja **29**
A cerveja conquista os romanos **30**
Evolução da cerveja na Idade Média e o mito da
   cerveja salvadora **31**
Desdobramentos da história
   da cerveja no Brasil **33**

2. COMO É FEITA A CERVEJA 37

Matéria-prima **37**
Adjuntos **44**
O processo de produção **45**
Produção caseira **51**

3. ESCOLAS CERVEJEIRAS E ESTILOS DE CERVEJAS 55

Escola cervejeira alemã **55**
Escola cervejeira inglesa
   (Inglaterra, Escócia e Irlanda) **57**
Escola cervejeira belga
   (Bélgica, Holanda e França) **59**
Escola cervejeira americana
   (Estados Unidos e Canadá) **61**
Escola cervejeira brasileira? **64**

4. DEGUSTAR EM VEZ DE EMBRIAGAR-SE 67

Aspecto visual **68**
Aspecto olfativo **69**
Aspectos gustativos **70**
Aspectos táteis **71**
Cada cerveja com seu copo **72**
Quebrando mitos cervejeiros **80**

parte 2. o design e o espaço

5. O DESIGN, A CERVEJA E O ESPAÇO 85

Momento de reflexão: Cervejaria Literária "O Corvo" 85

6. ALEHOUSES, PUBS, TAVERNAS, INNS, BEER HOUSES, BREWPUBS E BREWHOUSES, MICROPUBS, SALOONS, BEER GARDENS, CERVEJARIAS E CHOPPERIAS, BARES, BOTECOS, BOTEQUINS 89

7. A CULTURA DA CERVEJA E OS TERCEIROS LUGARES 109

Alguns rituais de consumo 113

8. OS TERCEIROS LUGARES PELO MUNDO 117

Alemanha 118
Austrália 120
Bélgica 123
Brasil 126
França 128
Reino Unido e Irlanda 130
República Checa 132

9. O DESIGN NA APRESENTAÇÃO E NO CONSUMO DA BEBIDA 137

Copos e canecas 139
Garrafas 142
Latinhas 144
Porta-copos 147
Torneiras e torres de chope 148

10. AMBIENTAÇÃO E DESIGN 151

Mesas, balcões, cadeiras e poltronas 155
Iluminação 159
Estilos e atmosferas 162
Design e tecnologia 164

11. A CERVEJA E AS ARTES 167

Filmes e séries televisivas 167
Literatura 171
Música 172
Pintura e escultura 174

12. O FUTURO DAS CERVEJARIAS 177

ANEXO

Cervejarias e pubs 187

BIBLIOGRAFIA 191

Sites 191

SOBRE OS AUTORES 195

CRÉDITOS DAS IMAGENS 197

NOTA DO EDITOR

Beber uma cerveja quase nunca é um ato solitário, ao menos não deveria ser. Uma cerveja requer companhia e, atualmente, pede mais que isso: demanda ambientação, clima, novas experiências de sabor. E o mercado tem visto crescer a variedade de cervejas artesanais, que cultivam o paladar e exigem uma degustação mais apurada, plantando no país uma outra atitude em relação a essa bebida tão popular.

Design é a palavra-chave. Ela recobre todo esse universo da oferta do produto, desde a escolha dos ingredientes que constituirão a cerveja, dando-lhe um estilo próprio, passando pelas embalagens e pela apresentação, até chegar à ambientação e às diferentes formas de consumo. Evidentemente, o design vem acompanhado de seu irmão nada ingênuo: o *marketing*, que enlaça, cria demandas, estabelece concorrências e, em seu aspecto mais positivo, propõe aperfeiçoamento

estético, econômico e, por que não, dos sentidos!

Este livro aborda não só os aspectos históricos da cerveja e de sua produção mas também o design concebido pelos diferentes bares, pubs, cervejarias ou brewhouses escolhidos entre vários países pelo mundo. São estabelecimentos que apresentam adaptações próprias à cultura local e certamente representam, para as pessoas que os frequentam, seu "terceiro lugar" – aquele em que elas se relacionam de forma criativa, sem culpa ou medo de serem julgadas, sentindo que pertencem a uma comunidade e, portanto, que não estão isoladas ou sozinhas, como propõe o sociólogo americano Ray Oldenburg.

Lançamento do Senac São Paulo, *Cerveja com design* celebra a bebida da socialização entre os humanos e a crescente sensibilidade estampada na concepção de seus vários designs ou formas de ver o mundo.

AGRADECIMENTOS

A Betty e Leonardo, nossos parceiros pela Alemanha, obrigada por nos mostrar lugares incríveis;
a Catarina, *chef* do Bar do Luiz Fernandes, pela receita da avó e pelas fotos,
e a todos os gerentes dos locais que fazem parte deste livro.

MIRIAM GURGEL

Agradeço a Cilene Saorin, minha mestra e mentora na cerveja.
Agradeço também a todos os profissionais que estão bravamente defendendo
a cerveja em todo o Brasil.

JOSÉ MARCIO

DEDICATÓRIA

Cada livro para mim é uma viagem... não apenas fisicamente falando, visitando países e explorando aspectos até então desconhecidos do comportamento de diferentes culturas, mas principalmente uma viagem pelos meus pensamentos e memórias, uma viagem de autoconhecimento.

Nas viagens físicas de 2015, coletando dados, fazendo amigos e rodando inúmeros quilômetros, mais uma vez tive meu marido Matt como refém de minhas ideias e sonhos. Não consigo deixá-lo em paz enquanto trabalho... é sempre só mais uma cidade, só mais um pub, só mais um livro para escrever...

Obrigada, mais uma vez, pela paciência, pela força que me dá, pela constante ajuda e pela colaboração, tirando fotos e mais fotos... e arrumando meu computador.

Este livro dedico de coração a você, Amato Cavalli! Obrigada por sobreviver a mais um livro a meu lado!

MIRIAM GURGEL

"hoje é sexta-feira
chega de canseira
nada de tristeza
pega uma cerveja
põe na minha mesa ..." *

---

* Leandro & Leonardo, "Cerveja", de César Augusto e César Rossini.

dedico este livro às duas meninas que amo:

Dani, sempre posso contar com seu apoio e sua paciência em todos os projetos dos quais participo, você sempre está ao meu lado torcendo por mim, e esses são só alguns dos motivos que fazem com que eu te ame!

Anninha, papai não imaginava que pudesse amar uma pessoa antes mesmo de conhecê-la. Com você foi assim. Te amo inclusive por todas as vezes que você me interrompeu enquanto eu estava no computador escrevendo este trabalho. Pegar você no colo e ver seu sorriso foram algumas das coisas que me deram força para completar este projeto.

JOSÉ MARCIO

introdução
O DESIGN NO UNIVERSO DA CERVEJA...

O design, como o entendemos hoje, é um processo criativo consciente e deliberado que busca organizar materiais (com suas linhas, texturas e cores) e diferentes formas a fim de alcançar determinado objetivo, seja ele funcional ou estético. (Miriam Gurgel, *Projetando espaços*)

Quando tomamos um chope, abrimos uma latinha ou uma garrafa de cerveja, não imaginamos o que está por trás dessa bebida tão famosa. Na verdade, milhares de profissionais estão entre os responsáveis pela fama das cervejas, não somente no Brasil mas em todo o mundo.

O que teria começado como uma simples bebida para ajudar diferentes povoados a evitar doenças causadas por água insalubre acabou tão popular que se tornou inspiração para um dia da semana em nosso país – a tradicional "sexta-feira" é dia de celebração da existência e fama de uma bebida que vem ganhando espaço num novo e distinto universo de consumidores.

Como um simples cafezinho que passou a ser "degustado", a cerveja vem caminhando no mesmo sentido, adquirindo *status* e exigindo conhecimento não somente no que se refere às opções de cervejas artesanais disponíveis, de harmonização com alimentos ou de receitas, mas também conhecimento dos rituais de degustação, estabelecendo uma nova categoria de consumidores que busca variedade e, principalmente, qualidade.

A criação de novos produtos, a transformação de ideias, a criatividade, enfim, tudo isso está associado ao design. Para a maioria dos autores sobre esse tema, o design é um processo inconsciente que aplicamos quando existe a necessidade de solucionar criativamente um problema.

Essa definição, no entanto, não se aplica ao design no mundo dos profissionais da criatividade, onde se encontram arquitetos e designers de interiores. Esses profissionais devem conhecer seus elementos (espaço, iluminação, cores, linhas, formas e texturas) e seus princípios (equilíbrio, ritmo, harmonia, unidade, escala e proporção, contraste, ênfase e variedade), dominá-los e aplicá-los de forma *consciente*, buscando assim uma solução criativa e bastante eficaz para determinado problema.

No caso da cerveja, o design está presente não só no processo criativo que envolve a elaboração do produto e seu branding mas também nos copos para servi-la, nos estabelecimentos que a servem… em todas as etapas, enfim, de sua produção até seu consumo.

NA CRIAÇÃO DA BEBIDA

A aplicação correta do design – ou seja, o design consciente, que envolve todos os conhecimentos necessários da área – pode ajudar, por exemplo, a facilitar o processo produtivo da cerveja, ou seja:

- Podemos dizer que, de certa forma, a própria escolha dos ingredientes para criar uma cerveja é um processo de "design". Esse processo, consciente, deve criar uma bebida com transparência, cor, sabor, aroma e características próprias segundo os ingredientes escolhidos (ver "Matéria-prima", p. 37).

Os equipamentos utilizados na produção da bebida são fruto do design, pois foram especialmente desenvolvidos por profissionais qualificados para que funcionem de determinada forma, a fim de obter um resultado definido. A tecnologia, em constante evolução, ajuda não somente no aperfeiçoamento dos equipamentos (ver "O processo de produção", p. 45) mas também na melhora da qualidade da bebida, como é o caso da cervejaria artesanal **LA COTTA BIRRIFICIO ARTIGIANALE**, na Itália.

14

- Um dos pontos focais no projeto de interiores de cervejarias que produzem ou servem cervejas artesanais é a exposição de forma bastante destacada dos equipamentos em que são produzidas ou mesmo armazenadas as bebidas. Assim sendo, o próprio processo de produção, com seus tanques e tubulações, faz parte do design do ambiente, acrescentando interesse à composição final.
- No processo manual ou automatizado para engarrafar, enlatar ou conservar a cerveja em barris, o design mostra-se nos contentores, nas técnicas e nos equipamentos empregados.

NA DIVULGAÇÃO DAS MARCAS

As técnicas de divulgação e fixação das marcas vêm se aprimorando cada vez mais por meio, principalmente, da criação de um universo de itens e produtos relacionados a elas. O marketing é ponto-chave na concorrência pelo público consumidor. O processo de branding, de criação de uma marca forte, é fundamental e vem sendo cada vez mais explorado pelas novas cervejarias artesanais.

Designers criaram e vêm criando diferentes contentores, rótulos, porta-copos e um verdadeiro branding que pode conter um "arsenal" de produtos, como os copos, o avental e as camisetas desenvolvidos pela cervejaria italiana **LA COTTA** para divulgar a marca da cerveja artesanal produzida por eles.

Cartazes, wallpapers, néon, guarda-sol, ou qualquer outra forma de publicidade fornecida por grandes ou pequenas marcas para decorar locais de consumo são também obra de designers e ajudam a tornar as marcas mais conhecidas e "reconhecidas" pelos consumidores.

NA APRESENTAÇÃO

Uma das mais fortes presenças do design será sentida na hora em que a bebida for consumida. Nesse momento, os elementos do design poderão ser utilizados para induzir, facilitar, destacar uma cerveja ou mesmo aumentar a sensação de bem-estar, de integração, de agregação, de convivência ou de "pertencimento" a determinado grupo de pessoas, ou seja, de não estar sozinho.

- O tradicional copo de cerveja, tão utilizado para servir o nosso chopinho, faz parte agora de uma enorme família de copos de diferentes tamanhos e formas, criados para os diferentes tipos ou "estilos" de cerveja (ver "Cada cerveja com seu copo", p. 72; "Copos e canecas", p. 139).
- As garrafas, latas e barris também tiveram seu design alterado ao longo dos anos, graças às novas tecnologias e materiais disponíveis (ver "Garrafas", p. 142).
- Torneiras e torres para cerveja ou chope passaram a ser ponto de destaque na maioria das cervejarias, e seu apelo visual vem possibilitando que designers desenvolvam verdadeiras peças de arte expostas ao público.
- Os tradicionais porta-copos são itens importantes que podem servir para proteger as mesas, para divulgar e enfatizar uma marca ou ainda como parte de uma coleção ou da decoração. Alguns pubs ingleses são decorados com porta-copos presos nas vigas de madeira rústica do teto dos diferentes ambientes.

O serviço de degustação de cervejas fez com que fossem criadas novas formas de apresentação das cervejas servidas em copos. Tábuas de madeira com encaixe, como esta da cervejaria **CHEEKY MONKEY**, em Margaret River, Austrália, são muito comuns e ajudam a estabelecer uma atmosfera particular na apresentação dos estilos de cervejas a serem degustados pelo cliente.

NA ATMOSFERA DOS AMBIENTES DE CONSUMO

Dos mais antigos pubs à mais tecnológica das cervejarias, o design é o responsável pela atmosfera dos ambientes e, consequentemente, pelo modo como nos sentimos dentro de cada tipo de espaço.

Os ambientes dos pubs ingleses são na maioria das vezes aconchegantes, como o **THE WEST BAY HOTEL**, em Dorset, Inglaterra, que explora em seu design as madeiras rústicas de uma antiga construção. A iluminação indireta prevalece, os móveis são em madeira como o piso. Em outros ambientes usa basicamente carpete. As torres com as torneiras de cerveja são a decoração principal do balcão. Administrado por uma família que mora no local, faz com que a atmosfera geral do pub/hotel seja ainda mais acolhedora.

- Para cada tipo de estabelecimento de consumo, profissionais da área do design e arquitetura deverão aplicar materiais, iluminação, cores, texturas, etc. que ajudem a criar a atmosfera desejada para o público--alvo escolhido como meta de cliente.
- O avanço tecnológico também estará presente nos espaços com design mais contemporâneo e direcionado a um público mais envolvido com tecnologia.

Nos tradicionais botecos, bares de praia ou qualquer outro local de agregação – onde informalmente consumimos um chope ou uma cerveja gelada, e que foi criado sem a ajuda de profissionais da área de arquitetura ou design – o design também está presente, mas foi aplicado de forma inconsciente, expresso sem base de conhecimento técnico, mas, sim, intuitivamente.

Esse modo de solucionar um problema com a aplicação do design intuitivo pode funcionar muito bem, ou muito mal. Mas se o local estiver repleto de gente, é porque deu certo, o processo intuitivo funcionou bem!

ERGONOMIA E ACESSIBILIDADE

O mais forte aliado de um bom design é a ergonomia, que pode auxiliar na circulação das pessoas, facilitando sua movimentação, o acesso ao mobiliário e criando, assim, espaços que garantam aos frequentadores, trabalhadores ou fornecedores acessibilidade, segurança e conforto.

É sempre bom lembrar que, simplificadamente, acessibilidade significa garantir acesso a todos os ambientes de um projeto a todas as pessoas que devem frequentar o local. Rampas de acesso com algum tipo de sinalização e materiais adequados, bem como corrimãos e apoios devem ser projetados levando em consideração pessoas com qualquer tipo de deficiência, impedimento de movimentação e/ou idade. O pub inglês **THE TROUT** projetou uma rampa com variedade de materiais e proteção com apoio, já que no país são vários os períodos de mau tempo.

- Os copos, taças, canecas e todos os utensílios e equipamentos utilizados também devem seguir princípios ergonômicos para facilitar o manejo, o serviço e mesmo o conforto dos consumidores no desempenho das atividades que serão desenvolvidas nos ambientes.
- A altura e o tamanho adequados de apoios como tampos de balcão, mesas ou bancos e cadeiras facilitam a agregação de pessoas por um período mais longo, o que pode contribuir para o aumento do consumo geral do estabelecimento.
- Diferentes alturas de assentos ou dos tampos de mesas ou balcões com certeza também contribuem para formas e modos variados de agregação, como veremos em "Mesas, balcões, cadeiras e poltronas" (p. 155), possibilitando variedade na composição espacial.

Com conhecimento técnico e domínio do design, os profissionais podem, por exemplo, alterar visualmente a proporção de um ambiente, concentrar a atenção dos clientes em determinada área, criar uma imagem comercial abrangente e, principalmente, cativar uma clientela, fazendo com que os consumidores elejam o local como seu "terceiro lugar", como veremos mais adiante.

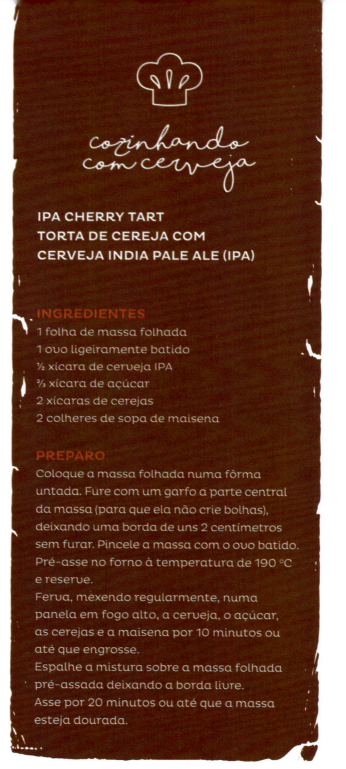

cozinhando com cerveja

**IPA CHERRY TART
TORTA DE CEREJA COM CERVEJA INDIA PALE ALE (IPA)**

INGREDIENTES
1 folha de massa folhada
1 ovo ligeiramente batido
½ xícara de cerveja IPA
⅔ xícara de açúcar
2 xícaras de cerejas
2 colheres de sopa de maisena

PREPARO
Coloque a massa folhada numa fôrma untada. Fure com um garfo a parte central da massa (para que ela não crie bolhas), deixando uma borda de uns 2 centímetros sem furar. Pincele a massa com o ovo batido. Pré-asse no forno à temperatura de 190 ºC e reserve.
Ferva, mexendo regularmente, numa panela em fogo alto, a cerveja, o açúcar, as cerejas e a maisena por 10 minutos ou até que engrosse.
Espalhe a mistura sobre a massa folhada pré-assada deixando a borda livre.
Asse por 20 minutos ou até que a massa esteja dourada.

INFLUÊNCIAS NO DESIGN FINAL

O design é influenciado por algumas variáveis bastante importantes.

A função do ambiente determina, por exemplo, quais as atividades que deverão acontecer no espaço em questão, criando, assim, uma demanda ditada pela funcionalidade com relação às dimensões, ao conforto ambiental, aos acessos, às peças de mobiliário, etc.

A cultura do país ou região em que o projeto será realizado – ou mesmo a cultura que ele deverá representar – é fator de sérias considerações, pois poderá excluir cores, alterar as medidas ergonômicas, determinar a atmosfera predominante ou mesmo definir de antemão os materiais.

A **tecnologia** disponível pode facilitar soluções mais criativas com o uso de materiais até então impossíveis de serem aplicados ou moldados. Também pode solucionar problemas construtivos, viabilizar uma atmosfera mais tecnológica, influenciar a atmosfera final dos ambientes ou mesmo inovar quanto à própria dinâmica do projeto. O ponto focal do **THE PUB**, na República Checa, é a nova tecnologia aplicada ao serviço.

Fatores socioeconômicos também podem ter uma influência dominante. Muitas cervejarias, pubs ou produtores de pequeno porte, por exemplo, podem não contar com grandes somas de capital para investir nos pontos de venda, o que poderá fazer com que seus projetos sejam soluções criativas racionalizadas e de baixo custo.

Fatores ligados à **sustentabilidade e à ecologia** também têm sua parte de influência. Os pequenos pubs ingleses "KM 0" são um grande exemplo. Esses pubs vendem somente cervejas produzidas localmente e apresentam um design de interiores com materiais reciclados e uma atmosfera nada exuberante. A sustentabilidade passou a ser uma bandeira para grande parte da população mundial e influencia cada vez mais a arquitetura e o design de interiores.

Caso um **estilo** tenha sido escolhido de antemão, ele poderá ser um componente que irá influenciar fortemente o resultado visual final de um projeto. Assim, determinar um estilo pode ser um fator de limite ou de estímulo à criatividade, dependendo do enfoque escolhido pelo designer.

Os **materiais** podem estar associados a estilos específicos e, principalmente, apresentar características benéficas ou prejudiciais ao *target* (público-alvo) de um projeto, ou seja, suas características acústicas, térmicas, etc. podem confrontar-se com as características técnicas desejadas para os ambientes a serem criados. Assim sendo, os materiais influenciarão o design e, portanto, todo o processo criativo.

Um último fator, talvez o mais forte em tempos de conexão *full time* proporcionada pela internet, é a própria **globalização**, que vem destruindo fronteiras culturais e apressando processos de mudança anteriormente lentos. Para alguns, a globalização é o "máximo" que poderia ocorrer em nossas sociedades, abrindo as portas para todos, dando acesso a tudo num instante. O grande perigo é a quebra de tradições, tão importantes para a diversidade de um mundo que é rico exatamente por suas diferenças. As soluções do tipo "modelo único que serve para todos" já criaram alguns exemplos de arquitetura e de design bastante impessoais e inadaptados ao clima. Um mundo globalizado requer profissionais ainda mais responsáveis.

Assim, podemos dizer que o design, utilizado corretamente, poderá ajudar a transformar um simples chope ou uma cervejinha numa verdadeira experiência dos sentidos!

PARTE 1

o universo da cerveja

1. ASSIM NASCEU A CERVEJA

Não existe muito consenso ou certeza histórica e arqueológica do momento exato em que a humanidade passou a fermentar cereais, frutas e mel, buscando criar bebidas. O objetivo, no entanto, sempre pareceu claro: a principal intenção de nossos ancestrais nunca foi se embriagar; é muito provável que o verdadeiro objetivo fosse armazenar alimentos para serem consumidos mais tarde. Muitos pesquisadores afirmam que aproximadamente em 8000 a.C. os seres humanos, mesmo que temporariamente, abandonaram a vida nômade e passaram a cultivar seu próprio alimento, e a cerveja passou a fazer parte da sociedade, mesmo não levando ainda este nome.

Os dados concretos mais relevantes sobre a origem da cerveja foram encontrados por estudos arqueológicos realizados na região conhecida como Nilo Azul, pertencente ao território do Sudão, e comprovaram que, cerca de 7000 a.C., os povos locais produziam uma bebida fermentada à base de diversos cereais, entre eles o sorgo, que possuiria diversas semelhanças com a nossa cerveja. Além disso, análises químicas efetuadas em resíduos do fundo de um jarro de barro recolhido num campo arqueológico no território do Irã, datado de 5500 a.C., confirmaram a existência local de bebidas fermentadas alcoólicas e especificamente de cerveja.

UM ERRO DIVINO

A primeira cerveja teria surgido provavelmente por culpa do acaso, como fruto de um erro. Era comum, naquela época, que as populações armazenassem os cereais para serem utilizados nos períodos de entressafra ou durante o inverno. Como não havia um cuidado rígido durante esse período de armazenamento, segundo vários autores, após uma colheita alguns grãos de cereal armazenados num dos jarros de barro ou cerâmica teriam sido banhados com água de chuva (ou mesmo de qualquer outra origem).

Em contato com a água, o cereal iniciou um processo de germinação, seguido de um processo rudimentar de fermentação. Ao observar o ocorrido, nosso ancestral "cervejeiro" percebeu que os grãos haviam se transformado em um líquido pastoso, com uma espuma branca e com aroma diferente, que lembrava algo doce. Ao provar o líquido resultante dessa fermentação não controlada, percebeu que o sabor havia sido transformado e que, embora não soubesse explicar, o produto resultante fazia com que quem o bebesse ficasse alegre e eufórico – fato este que, para o produtor, teria sido fruto de magia.

O processo de elaboração da cerveja nessa época foi considerado, então, como algo mágico e divino, pois não havia uma explicação para a transformação dos grãos em cerveja; e nosso ancestral cervejeiro era visto de forma especial por todos na comunidade – que estava muito mais interessada nas propriedades inebriantes do líquido resultante do que no processo de sua fabricação. O conhecimento ficou durante muito tempo restrito aos que sabiam produzir a cerveja, e eles eram muito criteriosos sobre quem poderia ter acesso ao processo de fabricação, o que só aumentava a aura de magia em torno da bebida.

Os produtores começaram também a perceber que, ao utilizar o jarro da última produção para fazer a próxima leva, o processo acontecia de forma mais rápida e o produto ganhava em qualidade e sabor.

Saindo do campo das suposições e dos dados esparsos, a prova arqueológica mais difundida que existe em relação à produção rotineira de cerveja em tempos antigos é proveniente da Mesopotâmia, mais propriamente da civilização suméria.

SUMÉRIOS E NINKASI: A DEUSA DA CERVEJA

A produção e o consumo de cerveja na região da Mesopotâmia data aproximadamente de 7000 a.C., sendo ainda mais antiga que a civilização suméria, cujo ápice ocorreu entre os anos de 5000 a.C. e 2000 a.C. na região que hoje pertence ao Iraque. Porém, a descoberta da cerveja é creditada aos sumérios pois eles foram os autores dos primeiros registros sobre a bebida.

As provas para tal afirmação são inscrições talhadas em pedra, mostrando a utilização de um cereal para a produção de uma bebida similar à cerveja. É também dessa civilização outra prova de que a cerveja possuía uma importância muito grande na antiguidade da civilização humana: uma placa de barro, na cidade de Tepe Gawra, datada de cerca de 4000 a.C., em que se veem duas figuras que bebem cerveja de um pote, utilizando, como canudos, longas palhas, tradicionalmente usadas para aspirar a bebida e evitar a ingestão dos resíduos de cereal. De fato, a importância da cerveja na sociedade suméria era tão grande que a civilização possuía uma deusa da cerveja: a deusa Ninkasi.

Ninkasi é considerada a cervejeira de todos os deuses e, em muitos textos, ela é referida como sendo a própria cerveja. No idioma sumério, o nome da deusa Ninkasi significa "a senhora que enche a boca". Para seu povo, consumir a cerveja era uma forma de incorporar a deusa em seus próprios corpos e obter sua proteção. Aliás, há um hino dedicado a Ninkasi (*c.* 1900-1800 a.C.) que é, na realidade, uma receita de cerveja.

É importante frisar que as primeiras cervejeiras foram mulheres, porque, historicamente, a produção de cerveja era uma tarefa doméstica, como cuidar da casa, dos filhos e produzir o pão e o alimento diário. Assim, nada mais natural do que associar e elevar Ninkasi (uma mulher) para o posto de deusa da cerveja.

BABILÔNIA E O CÓDIGO DE HAMURABI

A civilização babilônica é descendente da civilização suméria e considerada por muitos como sendo mais avançada cultural e tecnologicamente que seus predecessores, além de ter também contribuído muito para o avanço no processo de fabricação de cerveja. Um antigo provérbio da civilização babilônica afirmava: "Coma o pão, pois este pertence à vida; beba a cerveja como um costume de vida",

e ele não poderia representar melhor a sociedade babilônica. Um povo altamente focado na produção de alimentos à base de cereais e de cerveja.

Há registros de que, aproximadamente 4000 a.C., os babilônios já fabricavam entre 16 e 25 tipos de cervejas, utilizando os mais diversos ingredientes, com base em diferentes combinações de plantas aromáticas e no maior ou menor uso de ingredientes como cevada, trigo e mel. Alguns registros afirmam que aproximadamente 8 dessas receitas eram produzidas utilizando-se somente a cevada.

A cerveja babilônica era opaca, produzida sem a tecnologia de filtragem e servida em grandes jarros de barro. Isso fez com que eles desenvolvessem uma maneira de sorver o líquido sem ter que tocar o recipiente com a boca: o canudo, que era feito de palha ou de madeira, para as pessoas mais simples, porém feito de metal ou mesmo de ouro no caso dos altos sacerdotes e dos reis. Isso evitava que ingerissem os resíduos, cascas de grãos e qualquer outra impureza que se acumulasse na cerveja.

Hamurabi foi o sexto rei da Babilônia e ficou muito conhecido pelo Código de Hamurabi, um compêndio de leis que ele criou com o objetivo de padronizar a legislação em toda a sociedade babilônica. O cerne do Código é o que hoje conhecemos como Lei de Talião, melhor representada pela expressão "Olho por olho, dente por dente". Dentro das 282 leis que compõem o Código, Hamurabi introduziu várias regras relacionadas à cerveja.

Entre elas estava um artigo que enfatizava: caso um cervejeiro adulterasse ou diluísse a cerveja que estava vendendo, seria punido com a pena de morte. E o cervejeiro que produzisse ou mesmo servisse uma cerveja de qualidade ruim ou duvidosa poderia, também, ser condenado à pena de morte, normalmente por afogamento em sua própria bebida. O objetivo claro de ambas as leis era proteger os consumidores das cervejas de má qualidade.

Na Babilônia, a cerveja era mais popular que o vinho, e como era muito valorizada e conceituada, os babilônios conseguiam exportar cerveja para outros povos, entre eles os egípcios.

OS EGÍPCIOS E A AGRICULTURA A FAVOR DA CERVEJA

A civilização egípcia foi muito importante para a história da cerveja. Dados arqueológicos sugerem que os egípcios produziam cervejas desde 5500 a.C. A cervejaria mais antiga foi descoberta no Egito por arqueólogos e data de 5400 a.C. Tratava-se de um prédio criado com o objetivo único e exclusivo de produzir cerveja.

Existem alguns hieróglifos egípcios datados de 4000 a.C. que também mostram, passo a passo, a produção da bebida. Além disso, papiros egípcios de cerca de 1300 a.C. também faziam referência a um regulamento de venda de cerveja.

Muitas das técnicas criadas pelos egípcios no auge de sua civilização vieram a ser reconhecidas como referência mundial de tecnologia e sofisticação, e com a cerveja não foi diferente. Porém, não se sabe ao certo se o povo egípcio produzia bastante cerveja para suprir a demanda de sua numerosa população ou se sua população cresceu devido ao constante fornecimento de grãos e bebidas à base de cereais. Na verdade a resposta para esse dilema não faz tanta diferença, pois no final da equação o importante é: eles produziam cervejas. E muita cerveja.

"A boca de um homem perfeitamente contente está repleta de cerveja" – esse é um provérbio egípcio, datado de 2200 a.C., inscrito no templo dedicado à deusa Hathor, em Dendera.

Não é incorreto afirmar que as técnicas de produção de grãos e de irrigação foram provavelmente criadas pensando na alimentação do povo egípcio e na produção de cerveja. A importância da cerveja para os egípcios é tão grande que ela fazia parte da dieta cotidiana dos faraós há mais de 7 mil anos. Ela era tão apreciada por esses faraós que vários jarros com a bebida eram colocados dentro de seus túmulos e tumbas funerárias, pois eles acreditavam que, na outra vida, eles precisariam ter a cerveja para se divertir. Assim, a cerveja era o presente mais adequado para se dar a um faraó, sendo oferecida também aos deuses.

O uso da cerveja na sociedade egípcia, no entanto, ia muito além: não só apreciada pelos adultos como também pelas crianças, ela era, muitas vezes, prescrita para tratar várias doenças.

Cada templo possuía sua própria cervejaria e padaria, que produziam grandes quantidades de cerveja e pão a serem ofertadas aos deuses. Escavações próximas à Grande Pirâmide no complexo de Gizé revelaram que padarias e cervejarias também foram instaladas ali, porque tanto o pão quanto a cerveja eram necessários para os trabalhadores que construíram as pirâmides, já que, segundo algumas teorias, frequentemente eles eram pagos com pão e cerveja.

OS GREGOS E A CERVEJA

Não é segredo que os gregos eram grandes apreciadores do vinho, mas muitas vezes sua importância na história da cerveja fica esquecida ou é subestimada. Eles foram os grandes responsáveis por estender a ponte tecnológica entre duas das maiores civilizações de nossa história, a egípcia e a romana.

Autores apontam evidências históricas de que a produção de cerveja na Grécia Antiga começou com ensinamentos egípcios sobre o seu processo de fabricação e que, paralelamente ao vinho, a cerveja também era muito consumida e difundida em sua cultura. Fica a dúvida de quanto da filosofia grega, muito estudada até os dias de hoje, teria sido influenciada pelo consumo de vinho e cerveja.

Também seguindo os passos dos egípcios, os gregos possuíam divindades responsáveis por todas as coisas de seu cotidiano. Dionísio era um dos deuses mais adorados e reverenciados, normalmente conhecido somente como a divindade do vinho, mas ele era na verdade o responsável pelos ciclos vitais, pelas festas, pela possessão divina, pelo teatro, pelos ritos religiosos e, sobretudo, pela intoxicação que une ou religa aquele que bebe com a divindade.

Essa ligação entre Dionísio e a cerveja pode ser percebida, por exemplo, neste mito sobre Sabázio, o deus da cerveja!

Sabázio era filho de Zeus e Perséfone, e também possuía seus atributos divinos. Era conhecido por sua velocidade e por seu poder de transformação. Considerado por muitos historiadores como uma divindade agrícola, ele possuía chifres na testa e era conhecido como o deus-cabrito.

Durante as sabátidas, eram oferecidos a ele o trigo e a cevada, de onde se fermentava uma bebida inebriante que era servida e muito apreciada pelos presentes. Essa bebida nada mais era do que a cerveja.

Dionísio, por sua vez, o deus do vinho, era filho de Zeus e da princesa Sêmele. Ele foi o único filho de uma mortal a ser aceito no Olimpo, o que faz dele uma divindade grega atípica. Sua mãe era uma mortal por quem Zeus se apaixonou e que acabou se tornando mais uma de suas amantes.

Hera, a esposa traída, obviamente não gostou e se aproveitou de uma promessa feita por seu marido à amante: a promessa de nunca negar-lhe algo. Assim, Hera fez com que Sêmele tivesse a curiosidade de ver Zeus em sua forma real. Sendo uma mortal, a amante não estava preparada para suportar tamanho esplendor, e acabou fulminada pelos raios que emanavam de Zeus. O problema é que Sêmele estava grávida...

Para salvar a criança, Zeus recorreu a seu filho Sabázio, que, utilizando suas habilidades de transformação e sua rapidez, costurou o feto (Dionísio) na parte interna da coxa de Zeus,

onde este pôde ter sua gestação continuada, até que pudesse vir à luz.

Como Sabázio, Dionísio também é muitas vezes retratado com chifres, principalmente após a ingestão de vinho. A estranha figura com chifres dos dois deuses teria originado as igualmente estranhas figuras mitológicas dos faunos e dos sátiros.

Seja na mitologia, seja na realidade, a importância da cerveja para os gregos era considerável, e os conhecimentos de sua produção acabaram por ser assimilados pelos romanos.

A CERVEJA CONQUISTA OS ROMANOS

Autores afirmam que, assim como os gregos, os romanos também tinham preferência pelo vinho, porém a cerveja era muito consumida nas camadas mais populares do império. A importância dos romanos na história da cerveja é tão clara que, se não fosse por eles, hoje a cerveja possuiria um nome diferente aqui no Brasil.

Ceres era a deusa romana das plantas que brotam, dos grãos, dos cereais e do amor maternal. Com o passar do tempo, sua veneração ficou associada às classes menos abastadas do Império Romano, que dominavam o comércio de cereais e consumiam cerveja.

Estando associada aos grãos e aos cereais, seu nome foi também relacionado à cerveja, que tem no latim sua grafia original na forma de *cerevisiae*, que teria sido assim batizada pelos romanos em homenagem à deusa. Seu nome também foi usado na famosa levedura de cerveja, cujo nome científico é *Saccharomyces cerevisiae*. Assim, sem os romanos, estaríamos bebendo uma bebida com um nome completamente diferente.

A cerveja como combustível da expansão do Império

A produção de cereais nos campos do norte e do oeste da Europa foi um dos principais motivadores e possibilitadores para a grande expansão territorial romana, e a principal resistência encontrada pelos exércitos romanos também veio dos povos que habitavam essas regiões. Enquanto as camadas mais abastadas da população do Império permaneciam em Roma e preferiam o vinho, nas regiões dominadas pelo Império a bebida preferida era a cerveja. Contudo, tudo começou a mudar, pois o vinho, apesar de ser considerado sagrado, era muito caro, especialmente no norte da Europa.

Mesmo os residentes de Roma, quando saíam da capital em direção a regiões mais longínquas, por necessidade e acessibilidade eram obrigados a consumir cerveja e, assim, com o passar do tempo, a bebida das estradas e dos povos do norte passou também a conquistar os paladares da capital.

Como a cerveja é feita à base de cereais – que eram muito mais abundantes no território imperial e muito mais fáceis de ser conservados – e como os povos bárbaros do norte, entre eles os germânicos, já produziam cerveja desde antes do domínio romano, foi natural que eles continuassem produzindo a bebida após as conquistas. A cerveja ganhou popularidade no Império até o ponto em que Júlio César se rendeu a ela e brindou suas tropas com cerveja ao cruzar o rio Rubicão, em 49 a.C.

EVOLUÇÃO DA CERVEJA NA IDADE MÉDIA E O MITO DA CERVEJA SALVADORA

Com a queda do Império Romano, a Europa entrou em um de seus períodos mais ricos e mais críticos da história: a Idade Média. Para a cerveja, esse foi um dos períodos mais interessantes e de grandes mudanças.

Com a insegurança que se seguiu à queda do Império Romano foi necessário que as cidades que existiam em todos os territórios da Europa se tornassem autossuficientes, visto que não era mais seguro viajar nas estradas sem o braço forte do Império Romano. Nesse contexto, vários locais para pouso e abastecimento passaram a ser necessários para atender aos viajantes e, sempre que possível, as viagens já eram planejadas com essas paradas específicas.

Concomitantemente, também era importante para os monges e abades terem autossuficiência em seus mosteiros, fosse na produção de alimentos ou mesmo na de cervejas. Normalmente, todas as cervejas eram produzidas visando ao consumo dos próprios religiosos, e sua produção se dava dentro dos mosteiros, principalmente no período da Quaresma, quando os monges não podiam consumir alimentos durante o dia e, por isso, consumiam cerveja. Nessa época, a cerveja era utilizada como alimento, já que o processo de produção mantinha as propriedades nutritivas dos cereais.

Nesse momento, começou a surgir também uma relação que se mantém até hoje no mundo das cervejas: a união entre as cervejas e a religiosidade. Os mosteiros se tornaram pontos de parada tradicionais entre os viajantes. Os monges foram os grandes responsáveis por deixar a cerveja com o aspecto que ela possui hoje, pois foram os primeiros cervejeiros que documentaram a produção desde o início até o envase, e que fizeram experimentos com ingredientes diferentes do usual.

A importância dos monges nesse período é tão relevante que a principal figura para que a

cerveja tenha o perfil sensorial que tem hoje foi uma freira, Hildegarda de Bingen, uma monja beneditina com vários dons artísticos, literários e religiosos, que viveu na Alemanha do século XII e é considerada santa pela Igreja Católica.

Até aquele momento da história, a cerveja era "temperada" com uma combinação de especiarias e ervas conhecida como *gruit*. Os ingredientes que compunham o *gruit* variavam de um local para o outro. Foi Hildegarda que começou a estudar e documentar os resultados do uso de diferentes ervas e plantas no sabor e na qualidade das cervejas. Ela descobriu que o lúpulo proporcionava um sabor amargo e fazia com que as cervejas pudessem ser armazenadas por um período mais longo.

A produção em maior escala começou a ser difundida na Europa por mosteiros da Suíça e da Alemanha. Os monges da Ordem Cisterciense da Estrita Observância, conhecidos como monges trapistas, guardam essa tradição de produção de cerveja de qualidade viva até os dias de hoje.

Quando estudamos a história da cerveja desse período, uma informação muito recorrente é que, na Idade Média, em virtude das más condições sanitárias encontradas nas cidades e vilas, a água era muito poluída, e isso fazia com que a cerveja fosse considerada a única bebida saudável. Como a cerveja e o vinho eram bebidas que não possuíam contato com água contaminada, elas eram mais seguras do que a água em si.

Na Europa, durante a Idade Média, o consumo anual de cerveja perfilava entre 400 e 1.000 litros *per capita*, sendo esse um dos motivos pelos quais se considera que a cerveja era a única bebida consumida, mesmo sendo extensamente documentado o consumo de água potável e o uso de água para diluir vinho em diversas ocasiões nesse período. Nos períodos de Tudor e Elizabeth, grandes quantidades de cerveja eram ingeridas a cada refeição.

DESDOBRAMENTOS DA HISTÓRIA DA CERVEJA NO BRASIL

Como não poderia deixar de ser, a história da cerveja no Brasil se iniciou de forma extraoficial ou ilegal. Por volta de 1637, Maurício de Nassau já havia estabelecido uma colônia holandesa no país e operava grandes carregamentos pela Companhia das Índias Ocidentais através de Recife, Pernambuco, onde, em outubro de 1640, sob suas ordens, o cervejeiro Dirck Dicx passou a conduzir uma cervejaria na própria residência do conde, a La Fontaine.

Apesar desse episódio e de ser possível encontrar registros de garrafas de cervejas inglesas em Salvador, no ano de 1800, e em Porto Alegre, no ano de 1806, a Corte temia que, se fosse liberado o comércio de cerveja em sua colônia, eles perderiam o mercado de seus vinhos. Assim, foi só em 1808, com a chegada da Família Imperial Portuguesa ao Brasil e após a abertura dos portos proposta por Dom João, que a bebida pôde oficialmente entrar em nosso território.

Nesse período quase toda cerveja comercializada no Brasil vinha da Inglaterra, transportada em barris e acondicionada em garrafas já em território brasileiro, salvo algumas garrafas especiais, que já eram transportadas diretamente da Inglaterra, mas que vinham somente para atender à Corte.

Até meados do século XIX, a maior parte da cerveja consumida no país era importada, porém começaram a surgir no mercado as primeiras cervejas produzidas no Brasil, as quais ganharam o sugestivo nome de Cervejas Marca Barbante (ou Cervejas Marca Cordão). Esse nome foi criado porque, devido às condições de fabricação e armazenamento, as cervejas produziam bastante gás carbônico e precisavam ter suas tampas amarradas para que não estourassem. O final do século XIX foi crucial, pois as primeiras grandes marcas de cerveja começaram a surgir no mercado e, por causa dos altos impostos cobrados, as importações de cerveja praticamente cessaram.

O mercado se manteve dominado pelas grandes marcas e com pouquíssimas opções importadas até a última década do século XX, quando o então presidente Fernando Collor abriu novamente o mercado brasileiro, possibilitando a importação. A partir de meados da década de 1990 até o ano 2000, o mercado nacional de cervejas começou a se reconstruir, com o surgimento de diversas cervejarias e com a chegada de vários rótulos importados ao mercado.

O que pudemos testemunhar a partir dos anos 2000 foi um crescimento vertiginoso de opções de cervejas e cervejarias. As grandes empresas continuam dominando amplamente o mercado, mas o nicho das cervejas artesanais chegou a crescer 15% ao ano, enquanto o mercado de cervejas como um todo crescia cerca de 6%. A partir de 2010, as cervejas artesanais e especiais passaram a aparecer para o consumidor comum, e muitos que até então não haviam provado uma cerveja diferente puderam fazê-lo.

Centenas de rótulos inundaram supermercados, dezenas de microcervejarias foram construídas; bares, lojas e empórios com foco em cervejas artesanais foram surgindo cada vez mais e até mesmo brew-pubs (bares que produzem a própria cerveja) ganharam força e espaço no mercado. Estamos na verdade vivendo um retorno à forma antiga, em que várias pequenas cervejarias passam a atender à demanda de uma região, em vez de depender apenas de uma grande cervejaria.

Se quiser acompanhar esse mercado, compre algumas opções de cerveja, sirva-se, sente-se para degustar e observe a sua volta, pois a revolução cervejeira está apenas começando no Brasil.

2. COMO É FEITA A CERVEJA

MATÉRIA-PRIMA

A cerveja é uma bebida fermentada à base de cereais, e o cereal mais utilizado e que melhor se adaptou para a produção da cerveja foi a cevada. Os quatro ingredientes básicos para se produzir cerveja são malte de cevada, lúpulo, levedura e água. Praticamente todos os mais de 120 estilos de cerveja existentes podem ser produzidos somente com diferentes combinações desses ingredientes. Alguns outros estilos levam também adjuntos de sabor.

Água

Indiscutivelmente, a água é um dos principais ingredientes da cerveja e, na maior parte dos estilos, pode representar entre 90% e 95% do volume dentro da garrafa. No entanto, cabe ressaltar que classificar a qualidade de uma cerveja somente pela qualidade da fonte de água não é um critério aceitável. Muitos outros fatores influenciam na qualidade da cerveja, mas como ainda há muito desconhecimento com relação ao grau de importância da água nas receitas cervejeiras, credita-se a ela uma importância e relevância maior do que se deveria.

Até meados do século XIX, quando não havia meios físicos e químicos para tratar as impurezas e a salinidade da água, era necessário que as cervejarias possuíssem uma excelente fonte de água para que suas cervejas pudessem ser produzidas com um mínimo de qualidade. Esse foi um dos fatores determinantes para a criação de toda a gama de estilos de cerveja que existem disponíveis hoje no mercado. Porém, com as tecnologias desenvolvidas a partir de então, foi possível tratar a água e deixá-la com as características de salinidade, dureza e quantidade de sais minerais que se desejasse, fazendo com que a importância da qualidade da água na sua fonte deixasse de ser tão relevante.

Muitas cervejarias produzem diversos estilos de cerveja e, como se pode imaginar, para cada estilo é necessário fazer adaptações nas características físico-químicas da água. Hoje em dia, é possível clonar a água que se deseja para reproduzir qualquer estilo de cerveja do mundo; para isto, basta conhecer as características da água, tais como PH, salinidade, alcalinidade e minerais dissolvidos no líquido.

Para produzir 1 litro de cerveja, utilizam-se entre 5 e 20 litros de água – usada na produção da cerveja, na limpeza de tanques, nas caldeiras e na pasteurização – e, como vivemos um momento em que a preocupação com o meio ambiente é crescente, um dos maiores objetivos das empresas do setor hoje é reduzir cada vez mais esse volume de água. Assim, passou a ser muito mais importante possuir água disponível para utilização na cervejaria do que possuir "água de qualidade" para a produção de determinada cerveja.

Malte

Toda cerveja deve ser produzida com malte. Geralmente, nos referimos ao malte de cevada, que é o cereal mais utilizado na sua fabricação em todo o mundo, podendo ser acrescido de outros cereais, maltados ou não. Além da cevada, é possível utilizar trigo, centeio, aveia, arroz e, recentemente, algumas experiências vêm sendo feitas utilizando o sorgo. O malte de cevada é responsável por toda a doçura, por proporcionar cor e também por influenciar a formação e estabilidade da espuma, além de ajudar a dar corpo à cerveja.

O malte é um subproduto de qualquer cereal que passe pelo processo de malteação. Existem diversos tipos de malte, alguns deles são tradicionais e quase todas as maltarias do mundo os produzem. Eles são os maltes base, e servem de base para as receitas, nas quais são também utilizados os maltes especiais para adicionar sabores, aromas e cores ao produto final.

Lúpulo

O verdadeiro papel do lúpulo é desconhecido por muitos apreciadores de cerveja. Na verdade ele é considerado como o "tempero da cerveja". O lúpulo é responsável pelos aromas florais e frutados que estão presentes na bebida, e é também devido a seu uso que alguns dos sabores herbais, inclusive o amargor, são sentidos ao se degustar uma cerveja. O lúpulo age, ainda, como um conservante natural para o produto.

Os principais países produtores de lúpulo são Estados Unidos, Alemanha, República Checa, China, Polônia, Eslovênia e Reino Unido. O *Humulus lupulus*, seu nome científico, é uma trepadeira da família das canabiáceas (*Cannabaceae*), prima distante da *Cannabis sativa*, e desde a Idade Média se tornou um dos principais ingredientes utilizados na produção da cerveja.

A planta cresce em praticamente qualquer região do mundo, mas o cultivo em escala comercial só é possível em regiões de clima temperado. Assim como as videiras, os lúpulos também requerem um período frio de dormência

CONE DO LÚPULO

PELLETS DE LÚPULO

a cada ano. Geralmente ele é cultivado entre os paralelos 35 e 55 nos hemisférios norte e sul, por causa da duração dos dias de verão e da incidência do ângulo da luz solar. Com uma necessidade de aproximadamente 9 a 10 horas de exposição solar diária, é nessas regiões que a planta floresce e produz seus cones de forma satisfatória para os cervejeiros. É nos cones que estão as substâncias de aroma e sabor, como os óleos essenciais, os polifenóis e as resinas.

Como é uma trepadeira, os jardins de lúpulo chegam a atingir entre 8 e 9 metros de altura, e por ser uma planta de ciclo de crescimento noturno, ela pode crescer vários centímetros por noite no auge do período de desenvolvimento. Devido à dificuldade de cultivo e à pequena faixa em que o lúpulo pode ser plantado, ele é um dos ingredientes que mais aumentam o custo da cerveja como um todo. Um detalhe muito importante para a utilização do lúpulo é que devem ser utilizados somente os cones das plantas fêmeas antes de serem polinizadas, pois a lupulina altera seu sabor após a polinização.

Antigamente se utilizava o lúpulo *in natura* na produção da cerveja, o que gerava sabores e aromas mais frescos e limpos ao paladar. Porém, hoje em dia, na maior parte das plantações, a flor de lúpulo é colhida e processada em *pellets* para melhor armazenagem e manutenção de suas propriedades a longo prazo. Assim

consegue-se atender às cervejarias mais distantes das plantações sem uma perda considerável de qualidade.

No processo de produção de cerveja, após a mostura e filtração do mosto, é iniciada a fervura. Nessa etapa é adicionado o lúpulo ao mosto cervejeiro. A principal finalidade da fervura é conferir o amargor do lúpulo à cerveja, e isso se dá por meio das resinas, que são as substâncias que conferem esse amargor. Portanto, se o objetivo for adicionar amargor, deve-se colocar o lúpulo no princípio da fervura. Caso o objetivo seja adicionar os diversos aromas da planta na cerveja, deve-se colocar o lúpulo mais próximo ao final da fervura, isso porque os **óleos essenciais** são compostos muito voláteis, e durante a fervura do mosto a maior parte desses óleos seria eliminada.

A escola cervejeira dos Estados Unidos vem ganhando notoriedade pelo uso de grandes quantidades de lúpulo, proporcionando a suas cervejas características de amargor, sabor e aroma bem identificáveis e muito típicas dos lúpulos de origem norte-americana. Na Europa, a maior parte dos estilos está mais embasada no equilíbrio entre o uso dos ingredientes, por isso poucos são os estilos em que o lúpulo é tão intenso como nas cervejas da escola norte-americana.

Ao contrário do que os degustadores iniciantes poderiam imaginar, a presença de grande quantidade de lúpulo na cerveja não proporciona a ela maior corpo ou teor alcoólico, portanto não deixa a cerveja mais encorpada ou mais forte. Como dissemos, o lúpulo é responsável por proporcionar mais sabor e aromas, e por causa de seu amargor, muitas vezes ele se torna o maior responsável pela rejeição a estilos que possuem maior presença de lúpulo, como as India Pale Ale, Extra Special Bitter, American Pale Ale, Bitter e American India Pale Ale.

Levedura

O quarto ingrediente básico para a elaboração de cervejas é a levedura ou o fermento. Muitos dizem que, na verdade, o mestre cervejeiro não produz a cerveja, quem realmente põe a mão na massa e produz o líquido que tanto adoramos são essas criaturinhas microscópicas, fungos unicelulares que se alimentam de açúcares, produzindo, assim, a cerveja. Nesse contexto, cabe ao mestre cervejeiro fornecer um alimento de qualidade e proporcionar um ambiente saudável para a levedura fazer seu trabalho.

Uma divisão simplista coloca todos os estilos de cerveja em duas grandes famílias: Ale e Lager. Essa divisão se dá justamente pelas características da levedura utilizada na produção da cerveja. É muito comum encontrarmos também as expressões alta e baixa fermentação nos rótulos e nas descrições de cerveja, normalmente expressões associadas à posição em que o fermento se encontra dentro do tanque durante o processo de fermentação. Porém, hoje sabemos que alta e baixa fermentação dizem muito mais respeito à temperatura do processo do que somente à localização do fermento dentro do tanque.

O trabalho da levedura é muito árduo, já que ela é responsável por transformar o mosto produzido pelo cervejeiro em cerveja. Todo o açúcar que se encontrava no grão do malte e nos cereais e que foi liberado e diluído na água cervejeira se transforma em alimento para a levedura. Esta, ao consumir esse açúcar, produz centenas de compostos aromáticos e de sabor, além de álcool e gás carbônico.

A família das leveduras é enorme, existem leveduras típicas de determinadas regiões do mundo e que proporcionam características únicas às cervejas produzidas naquela região. Há leveduras específicas para produzir cada estilo de cerveja. De forma mais ampla, podemos dividir as leveduras em três grandes famílias.

TIPOS DE LEVEDURA

Basicamente, podemos utilizar três espécies de leveduras como fermento para a produção de cervejas:

- *Saccharomyces cerevisae,* conhecida popularmente como Ale (a pronúncia correta é "eiou").

São as leveduras cervejeiras originais e produzem inúmeras cervejas do tipo Ale. A família Ale possui uma enorme variedade de cepas diferentes de fermento e é essa variedade que permite a produção de diversos estilos de cervejas. Por possuírem uma cadeia química maior, durante o processo de fermentação tendem a flutuar e, ao final, se concentrar no topo do fermentador. Normalmente apresentam melhores resultados sob temperaturas entre 18 °C e 24 °C, mas é possível utilizá-las entre 15 °C e 37 °C. Essa é a levedura que possui maior tolerância ao álcool, podendo assim produzir cervejas mais alcoólicas. As leveduras da família Ale são também chamadas de leveduras de "alta fermentação";

- *Saccharomyces pastorianus* ou *Saccharomyces carlsbergensis,* conhecida popularmente como Lager (a pronúncia correta é "laguer").

São as leveduras cervejeiras híbridas que surgiram de um cruzamento entre a *Saccharomyces cerevisae* e outra cepa da família *Saccharomyces,* tendo sido naturalmente formadas na região da Boêmia, na República Checa. Produzem as cervejas do tipo Lager. A família Lager possui uma variedade de cepas mais limitada, sendo então responsável pela produção de uma gama menor de estilos de cervejas. Por possuírem uma cadeia química menor, durante o processo de fermentação atuam em todo o líquido e, ao final do processo, tendem a decantar para o fundo do fermentador. Normalmente apresentam melhores resultados quando trabalham em temperaturas entre 8 °C e 15 °C, não podendo suportar temperaturas de 35-36 °C. A levedura Lager é mais delicada que a Ale, normalmente não suportando altas quantidades de álcool. As leveduras da família Lager são também chamadas de leveduras de "baixa fermentação";

- *Brettanomyces,* uma espécie de leveduras conhecida popularmente como "leveduras selvagens", que tem nas *Brettanomyces bruxellensis* e *Brettanomyces lambicus* suas duas principais cepas.

Formam o grupo de leveduras mais imprevisível. São bactérias láticas e leveduras selvagens e normalmente são utilizadas para a produção das cervejas Lambics, Berliners Weisse, Sour ou Farmhouse Ales (Saisons), todas com características de acidez marcante. Por serem "selvagens", portanto mais resistentes, geralmente trabalham em temperatura ambiente, podendo suportar grandes oscilações. Proporcionam características "selvagens" para a cerveja, apresentando aromas tipicamente condimentados (fenólicos), que remetem a cravo, além de aromas frutados, ácidos e láticos, que normalmente se repetem no paladar.

ADJUNTOS

Além dos quatro ingredientes básicos, existem também os adjuntos, que podem ser divididos em dois grupos de acordo com seu uso no processo de produção: adjuntos amiláceos e adjuntos de sabor. A função do primeiro grupo é substituir ou complementar o malte presente no mosto cervejeiro, gerando assim mais açúcares. Já os adjuntos de sabor irão agregar novos sabores à receita da cerveja, podendo complementar sua cor, seu aroma e seu paladar.

Adjuntos amiláceos

Nas grandes cervejarias, os adjuntos amiláceos são utilizados com dois grandes objetivos. O primeiro é proporcionar leveza para a receita de cerveja: as cervejas produzidas em maior escala geralmente são do estilo Standard American Lager, que necessitam de leveza ao paladar para que possam ser bebidas em grandes quantidades, atendendo, assim, à alta produtividade da fábrica e suprindo a grande demanda que o mercado exige. O uso de milho em forma de *grits* ou de arroz proporciona essa leveza, que é o objetivo das fábricas e, em muitos

casos, é exatamente a necessidade do gosto do consumidor. As cervejas que não levam esses adjuntos em geral possuem corpo mais pesado, tendem a apresentar sabores mais marcantes e buscam também atender à necessidade e ao gosto de seus consumidores.

Adjuntos de sabor

O objetivo da utilização desses adjuntos é sempre agregar algum aroma ou sabor às cervejas. Geralmente, esses produtos são adicionados durante o processo de fervura do mosto, durante a fermentação ou durante a maturação. Diversos são os adjuntos que podem ser utilizados; um dos principais exemplos são os condimentos, que desempenham, assim como o lúpulo, um papel de tempero da cerveja. Entre os principais condimentos que podem ser utilizados para agregar sabor estão pimentas diversas, sementes de coentro, gengibre, abóbora, folhas de árvores, chás e canela, entre outros exemplos. Podem-se acrescentar também frutas, tais como limão, laranja, pêssego, maçã, cassis, cereja, framboesa e morango. Outros produtos também são adicionados, não em algum estilo específico, porém já existem exemplos no mercado de cervejas que contêm chocolate, baunilha, doce de leite, bacon e até mesmo *Cannabis sativa*. Quando a intenção é trazer mais um pouco de sabor e proporcionar mais características para as cervejas, não há regras que segurem a criatividade dos mestres cervejeiros.

O PROCESSO DE PRODUÇÃO

A simplicidade é a marca do processo de fabricação de cervejas. Basicamente: dilua o malte em água, aqueça, acrescente lúpulo, resfrie, acrescente fermento e espere. Pronto, sua cerveja está concluída! O processo de fabricação de cerveja não é difícil nem complicado. Porém, pode ser trabalhoso se o objetivo for produzir uma cerveja saborosa ou replicar um estilo.

Malteação

A produção de malte normalmente é um trabalho que cabe às maltarias, requer equipamentos e conhecimentos muito específicos, e é por isso que a maioria dos cervejeiros compra os maltes prontos para serem utilizados em suas receitas.

Para a produção do malte, o cereal em sua forma original passa por uma transformação. Após a colheita, ele é levado a uma câmara, que se assemelha a uma estufa, e entra em contato com água. O cereal absorve essa água e inicia-se o processo de germinação. Tanto a umidade quanto a temperatura da câmara são muito

A germinação do cereal é um processo natural durante o qual as enzimas transformam parcialmente o amido presente no interior do grão em açúcares fermentáveis.

Quando são atingidos os índices de açúcares necessários dentro do grão, interrompe-se o processo de germinação, corta-se a água e é feita a secagem e posterior torra dos grãos; só então podemos chamar o cereal de malte. Por meio da intensidade e do tempo da secagem e da torra se obtêm maltes claros ou escuros e com aromas e sabores mais neutros ou mais intensos, podendo lembrar até mesmo caramelo e café. Isso ocorre porque na secagem e na torra, os açúcares do malte passam por um processo de caramelização. Todos os sabores presentes no malte são transmitidos para a cerveja. Algumas receitas de cerveja utilizam vários tipos de malte, enquanto outras receitas são feitas exclusivamente com um tipo de malte somente.

Alguns cervejeiros mais zelosos preferem trabalhar a própria matéria-prima comprando um malte base e realizando a torra até chegar ao ponto em que desejam. Isso faz com que eles possuam um produto exclusivo e único, mas trabalhar o cereal e transformá-lo em malte é um processo muito complexo e normalmente o cervejeiro prefere comprá-lo pronto.

bem controladas, proporcionando um ambiente propício para que a germinação possa acontecer.

Nas edificações mais antigas das cervejarias, era comum o uso da gravidade para facilitar o processo de produção. Dessa forma, os processos descritos a partir de agora se iniciavam num andar mais alto, com o líquido seguindo para baixo a fim de chegar à próxima etapa.

Moagem dos maltes

A primeira parte do processo é a moagem do malte que será usado na receita. Tanto para cervejeiros caseiros quanto para cervejarias artesanais a moagem é importante, pois sua qualidade influi diretamente no processo de filtração. Deve-se expor a parte interna do cereal, seu amido e seus açúcares, sem, contudo, moer completamente as cascas. Normalmente, em pequenas cervejarias usa-se um moinho de rolo que, quando bem regulado, torna possível esse tipo de moagem. O malte moído não deve ser armazenado por muito tempo, pois está exposto e absorve mais facilmente a umidade, portanto o padrão é moer somente a quantidade que será utilizada e iniciar o processo logo após o término da moagem.

Mostura

A parte quente do processo se inicia após a moagem dos maltes. É o momento em que se adiciona água quente ao malte. O objetivo dessa parte é fazer com que os açúcares que foram expostos na moagem e que se encontravam dentro do grão possam se solubilizar na água. Juntamente dos açúcares, diversas outras substâncias de sabor também serão solubilizadas, e a este processo é dado o nome de mostura. O líquido recebe, nesse meio-tempo, o nome de mosto e ainda tem grande quantidade de cascas de malte.

Durante o processo de mostura, o cervejeiro deve seguir uma série de temperaturas planejadas para obter os resultados e as características do produto final que deseja. A cada temperatura ele deve trabalhar com uma enzima diferente; assim, tem de estabelecer uma rampa de temperatura para que a receita possa ser levada a cabo.

Entre 60 °C e 72 °C, por exemplo, é o momento em que as enzimas alfa-amilase e beta-amilase atuam mais fortemente. Monitorando a temperatura específica de cada uma dessas enzimas, o cervejeiro consegue saber qual será a quantidade de açúcares fermentáveis e não fermentáveis que terá em sua cerveja, controlando assim o corpo que a cerveja terá ao final do processo.

O processo de mostura é finalizado quando a temperatura chega próximo aos 76-78 °C, quando ocorre a inativação das enzimas. É importante não ultrapassar esse limite ou serão extraídas substâncias da casca do malte, proporcionando a sensação de adstringência e a presença de sabores indesejados na cerveja.

Clarificação

Após a mostura, inicia-se o processo de clarificação (*lauter* ou filtragem do mosto) cujo objetivo é separar o mosto líquido dos resíduos sólidos, deixando assim os restos do malte e as cascas para trás. A clarificação é feita de forma bem simples, por meio da recirculação do mosto. O líquido é retirado por baixo da tina e retorna por cima. Esse fluxo faz com que o líquido passe novamente por todo o bagaço de malte, onde todas as partes sólidas ficam presas. Esse processo é ajudado por uma peneira de fundo falso que existe no fundo das tinas e deve prosseguir até o momento em que somente o líquido consiga passar. O cervejeiro deve ter bastante cuidado para não entupir o fundo falso e deve ter ainda maior cuidado para manter a parte superior do malte úmida, pois, caso fique seco demais, há chance de entupir e não haver passagem para o líquido.

O processo de clarificação deve ser realizado de forma rápida, não existindo, porém, um tempo ideal. Estilos mais encorpados, consequentemente com maior quantidade de malte, tendem a demorar mais. Não existe também um padrão de limpeza ideal do mosto pois essa decisão depende do objetivo do mestre-cervejeiro. Quanto mais modernos forem os equipamentos, e se assim desejar, o produtor pode deixar a cerveja já bem límpida ao final da clarificação.

Fervura

Uma vez terminado o processo de clarificação, inicia-se a fase de fervura. Esse é um momento crucial para a elaboração da cerveja, pois é por meio da fervura que se esteriliza todo o mosto e, principalmente, após a fervura, os cuidados de higiene e sanitização com todos os materiais e utensílios que serão colocados em contato com a cerveja devem ser muito criteriosos. Durante o processo de fervura são eliminadas substâncias indesejadas da cerveja. A fervura deve ser intensa e deve durar pelo menos uma hora. Esse é o momento em que são adicionados os temperos da cerveja: os lúpulos.

Os lúpulos de amargor são adicionados no início do processo da fervura, pois assim todos os ácidos e óleos têm tempo suficiente para ferver e evaporar, deixando apenas seu sabor amargo. Quanto mais lúpulo se coloca no início do processo de fervura mais amarga é a cerveja ao final. Os lúpulos de aroma também são colocados durante esse processo, porém eles devem ser adicionados a poucos minutos do término da fervura para que a evaporação dos óleos e dos ácidos não ocorra totalmente, deixando ainda o aroma para a cerveja.

O processo de fervura deve ser finalizado quando o cervejeiro consegue a cor desejada da cerveja e também a concentração de açúcares necessária para que sua receita possua o teor alcoólico desejado ao final do processo.

Whirlpool

Essa fase é mais um momento em que o objetivo é limpar o líquido, separando o *trub* quente, ou seja, proteínas e resíduos que durante a fervura se aglutinam e se precipitam para o fundo da tina. Aplica-se o uso de força centrípeta, fazendo com que o líquido gire dentro no tanque, assim concentrando ainda mais o *trub* no centro, facilitando a retirada do líquido pelas laterais.

Resfriamento

Após o whirlpool, temos o processo de resfriamento, que deve ocorrer no período mais curto possível, pois, enquanto o líquido está quente e ainda não foi inoculado o fermento, a cerveja está aberta para eventuais contaminações externas e leveduras selvagens.

Geralmente em grandes cervejarias esse processo é feito por meio de trocadores de calor, equipamentos que recebem a cerveja quente e água gelada e fazem justamente a troca de temperatura entre os líquidos, entregando cerveja fria e água quente.

Ao final do resfriamento é feita também a aeração do mosto, para que na próxima fase a levedura tenha oxigênio suficiente para trabalhar na transformação dos açúcares.

Fermentação

Assim que o mosto atinge a temperatura ideal para a inoculação do fermento e é devidamente aerado, inicia-se a fase de fermentação. A simplicidade química do processo é grande e ele consiste basicamente na transformação dos açúcares encontrados na cerveja em gás carbônico e etanol (álcool).

Alguns dos principais açúcares disponíveis para a levedura no mosto são a maltose e a glicose, que, quando fermentadas, produzem álcoois superiores e ésteres, que proporcionam aromas frutados nas cervejas, principalmente da família Ale.

Hoje em dia, normalmente a fermentação ocorre em tanques com fundo cilindrocônico. Coloca-se primeiro a levedura no tanque e só então é colocado o mosto. A fermentação deve ter sua temperatura controlada durante todo o processo. Temperaturas mais altas são geralmente utilizadas para fermentar cerveja do tipo Ale, enquanto as temperaturas mais baixas são utilizadas para leveduras de cerveja do tipo Lager. O tempo de fermentação pode ser curto, ficando em torno de 7 a 10 dias, ou longo, chegando a 30 ou 35 dias.

Quando o cervejeiro identifica que a fermentação está chegando ao final, ele gradativamente abaixa a temperatura do processo, chegando próximo a 0 °C e fazendo com que as leveduras floculem e se precipitem para o fundo do tanque de fundo cônico. A levedura é então retirada e inicia-se a próxima fase.

Maturação

O processo de maturação também pode variar de alguns dias a alguns meses. No início da maturação temos a "cerveja verde", e as reações físico-químicas que ocorrem durante essa fase são vistas por muitos como o "polimento" da cerveja, deixando-a pronta para o consumo. Considerando-se que a temperatura aqui normalmente é mais baixa do que durante a fermentação, essa etapa também tem a função de clarificar a cerveja, pois ainda ocorre a precipitação de leveduras, bem como a formação dos polifenóis e das proteínas. A levedura ainda impacta nessa fase, por meio da carbonatação natural, pois ela ainda trabalha em ritmo reduzido e todo o gás carbônico produzido se funde ao líquido devido à contrapressão.

Ao final do processo de maturação, a cerveja está pronta para sua embalagem final, que pode ser em barril, em garrafas ou em latas.

Filtragem

A filtragem é um processo realizado com bastante frequência na produção de diversos estilos de cerveja, só sendo colocada de lado em estilos nos quais a levedura faz parte do contexto da cerveja, como as cervejas de trigo do sul da Alemanha e as chamadas cervejas vivas, muitas do tipo Ale, nas quais a sobra de levedura é desejada e, portanto, deixada no líquido.

O elemento filtrante mais utilizado no mundo das cervejas é a diatomita, ou terra de diatomáceas, uma espécie de rocha com poros, formada por carapaças de diatomáceas, que são organismos unicelulares. Essa rocha é moída em forma de pó e colocada em filtros sobre as placas de filtração para que a cerveja seja forçada a passar por ela, deixando ali toda a levedura e todas as substâncias em suspensão no líquido. Por ser uma espécie de fóssil, é um produto finito e as cervejarias buscam aprimorar e baratear outros métodos de filtragem, para que, em uma eventual escassez ou até mesmo na extinção desse elemento filtrante, elas já possam contar com tecnologias substitutas.

Carbonatação

Principalmente em grandes fábricas, onde o gás carbônico produzido pelas leveduras na fermentação é muito maior do que o necessário para carbonatar a cerveja, essa produção em excesso normalmente é captada e utilizada para pressurizar tanques e manter o funcionamento da cervejaria. Nesse momento do processo, nos casos em que o líquido ainda não está com a carbonatação desejada, esse mesmo gás é reinserido na cerveja, corrigindo assim o nível de carbonatação nos produtos.

Envase e pasteurização

O envase é crucial para a qualidade da cerveja. O tipo de embalagem modifica o processo de envase e também a fase seguinte, que é a comercialização. Existem diversas formas de envasar as cervejas e disponibilizá-las para o mercado.

BARRIL

O envase em barris acontece quando a intenção é vender a cerveja sob pressão nas chopeiras. No momento em que o líquido sai da filtração, ele pode passar por um equipamento chamado de flash pasteurizador ou então seguir direto para ser envasado num barril de aço inox, previamente limpo e higienizado. Esse procedimento acontece sob pressão, conseguida

normalmente por meio do dióxido de carbono, do nitrogênio ou ainda por uma mistura dos dois gases.

A melhor situação a partir desse ponto é que o barril permaneça o tempo todo a uma temperatura entre 0 °C e 4 °C, para que a cerveja possa manter suas melhores condições de aroma e sabor. É, portanto, vital para a qualidade do produto que toda a cadeia seja refrigerada, inclusive nos pontos de venda, onde os barris devem permanecer dentro de geladeiras ou câmaras frias.

GARRAFAS E LATAS

O surgimento das garrafas proporcionou às cervejarias a possibilidade de enviar seus produtos a lugares mais distantes, alcançando mercados nos quais o barril não iria chegar com a mesma qualidade. Um fator crucial que possibilitou o uso de garrafas de vidro foi o processo de pasteurização, que fez com que a cerveja ganhasse mais tempo de prateleira e garantiu aos produtores a qualidade de seu produto ao longo desse tempo.

Não importa o tipo ou o tamanho da garrafa, o processo de envase segue sempre a mesma sequência. As garrafas são cheias de cerveja sob baixa temperatura, para evitar formação de espuma em excesso. Depois de serem tampadas, elas passam pelo processo de pasteurização, quando têm sua temperatura elevada para 60 °C a fim de eliminar eventuais micro-organismos contaminantes que possam ter sobrevivido até esse ponto do processo e evitar que a cerveja mude seu aroma ou sabor durante o tempo de armazenamento até o momento do consumo.

O envase em latas é muito comum nas grandes cervejarias, porém ainda vem conquistando seu espaço entre as microcervejarias. Ainda existe muita resistência infundada quanto à utilização de latas. Seu uso proporciona melhores preços, pois apresentam baixo custo, são ideais para grandes volumes de produção e têm uma facilidade para distribuição, pois não ocorrem tantas quebras e, por consequência, a perda é menor.

No entanto, ainda existem crenças de que a bebida em garrafa é mais saborosa que a bebida em latas.

PRODUÇÃO CASEIRA

O hábito de produzir cervejas em casa é comum em muitos países da Europa e nos Estados Unidos. Como já vimos quando falamos da escola cervejeira dos Estados Unidos, essa prática ganhou força durante o período da Lei Seca, e os americanos têm uma cultura de *home brewing* (fazer cerveja em casa) muito mais intensa do que no Brasil. Mas, nos últimos

anos, a quantidade de pessoas que produz sua própria cerveja como *hobby* vem crescendo vertiginosamente no país. Existem cursos que ensinam a produzir cerveja e lojas que vendem equipamentos e insumos para os cervejeiros caseiros. Mais do que simplesmente produzir em casa pensando no custo, hoje os cervejeiros caseiros prezam pela qualidade do produto e são muito ousados e aventureiros nas criações de seus produtos.

As Associações de Cervejeiros Caseiros (Acervas) crescem em quantidade e número de membros, já sendo comum a organização de concursos de cervejas caseiras com alto nível de qualidade. O grau de conhecimento e a profundidade técnica atingida por esses cervejeiros já faz com que em diversos casos eles sejam contratados por microcervejarias para desenvolver receitas de suas cervejas ou mesmo para trabalhar rotineiramente na fábrica, tendo como objetivo a melhoria das cervejas produzidas.

O processo de produção da cerveja caseira segue exatamente os mesmos passos comentados anteriormente para a indústria, sendo normalmente muito mais trabalhoso do que difícil. Algumas etapas podem ser substituídas ou feitas de forma diferente, mas os objetivos e os resultados atingidos são os mesmos.

A principal diferença se dá ao término do processo de fermentação. Poucos são os cervejeiros caseiros que possuem tanques que podem carbonatar suas cervejas, por isso eles utilizam estratégias para alcançar a quantidade de gás carbônico que desejam. A primeira forma de carbonatar cerveja para que fique ideal para o consumo é adicionar açúcar invertido juntamente do líquido dentro das garrafas. Como não há processo de filtração (e assim a levedura ainda está presente no líquido), esse açúcar irá servir de alimento para a levedura, provocando uma nova fermentação, desta vez, dentro da garrafa. Como a cerveja já estará engarrafada e lacrada, o gás carbônico produzido no consumo desse açúcar vai ficar inteiramente dissolvido no líquido, carbonatando assim a cerveja. Esse processo caseiro mescla estágios da fermentação e da maturação, conforme acontecem nas cervejarias e nos equipamentos profissionais.

A segunda forma de adicionar gás carbônico ao líquido é utilizando barris (kegs) ou postmix. Após o processo de fermentação em tanques, a cerveja é transferida para um barril que é conectado a uma linha de gás carbônico. É recomendável que fique conectado por algumas horas e que durante esse tempo o barril seja agitado, para que o líquido possa incorporar o gás carbônico. Essa maneira de carbonatar cerveja é conhecida como carbonatação forçada. O líquido incorpora o gás de forma muito mais rápida do que a segunda fermentação em garrafa, tendo somente como desvantagem o fato de que a cerveja deve ser consumida em sua totalidade, pois não há forma de armazená-la após a abertura do barril.

Uma das principais vantagens que os cervejeiros caseiros têm é a possibilidade de usar sua criatividade e de serem inventivos. Uma das atividades que eles mais gostam de fazer é modificar os aromas e os sabores das cervejas. Por isso é comum usarem filtros cheios de lúpulos ou de ervas acoplados às torneiras de chope, para proporcionar esses aromas e sabores aos líquidos. Alguns bares também já utilizam essa tecnologia para manter e conquistar cada vez mais clientes que apreciam essa inventividade.

3. ESCOLAS CERVEJEIRAS E ESTILOS DE CERVEJAS

ESCOLA CERVEJEIRA ALEMÃ

A Alemanha é o sonho de consumo de dez entre dez apreciadores de cervejas artesanais, e muitos brasileiros que hoje se deliciam com elas devem seus primeiros passos nesse mundo às marcas de cerveja de trigo alemãs que começaram a aparecer no país em meados da década de 1990.

Já a história da relação da cerveja com o povo alemão é muito anterior a isso. Separar a sociedade alemã da cerveja não é uma tarefa fácil.

Para entender bem a escola alemã de cervejas, primeiramente deve-se esclarecer que ela, na verdade, engloba, além da Alemanha, também a República Checa e a Áustria, e que o gosto desses povos pela bebida é tanto que não é apenas coincidência o fato de esses três países estarem no topo do *ranking* de consumo *per capita* de cerveja no mundo, com 104 litros/ano, 142 litros/ano e 104 litros/ano respectivamente.[1] A relação dos povos alemão, checo e austríaco com a cerveja é diferente do que estamos acostumados a observar aqui em nosso país. A cerveja faz parte da cultura e do dia a dia desses povos, principalmente na região da Baviera, no sul da Alemanha, onde estima-se que o consumo *per capita* possa chegar a cerca de 200 litros/ano.

A relação da população com a cerveja é diferente, pois, desde o momento em que nascem, eles se acostumam a passar em frente às cervejarias locais no caminho para ir à escola, conhecem pessoas que trabalham nas cervejarias e nos bares locais, vendendo a cerveja da cidade, e assim podem perceber diariamente em suas vidas a importância econômica da indústria da cerveja, que tem na Alemanha, por exemplo, cerca de 1.200 cervejarias que basicamente abastecem o mercado nacional, exportando somente entre 10% e 15% de sua produção, muito mais por demanda externa do que por ausência de mercado interno.

Um fator muito relevante na região é a valorização do produto local. Visitar uma cidade e não experimentar a cerveja produzida ali é como se não a tivesse visitado. O orgulho da cerveja local é tão grande que em alguns casos pode gerar pequenos conflitos, como os que existem

---

1 *Kirin Institute of Food and Lifestyle Report,* vol. 36, 2012.

entre a população de Colônia, que defende o estilo Kölsch, e a população de Dusseldorf, que defende o estilo Altbier — ambas tecem comparações depreciativas entre um estilo e outro.

Uma das principais características da escola alemã é a Reinheitsgebot, conhecida por aqui como Lei da Pureza da Cerveja, que foi instituída pelo duque Guilherme IV da Baviera em 23 de abril de 1516. A Lei da Pureza afirma que as cervejas deveriam ser fabricadas somente com água, malte de cevada e lúpulo. O fermento ainda era desconhecido na época da promulgação da lei, e foi acrescentado posteriormente. Muitos acreditam que a lei tinha como objetivo padronizar e assegurar uma maior qualidade para as cervejas, mas seu objetivo principal era o controle econômico sobre o preço dos cereais, principalmente do trigo, também usado para a produção de pães e que estava ficando cada vez mais caro por causa da alta demanda para a fabricação de cervejas.

A escola alemã é composta por alguns dos estilos mais consumidos em todo o mundo, como o German Pilsener, o Weizenbier, o Bock e o Dunkel.

A maior parte dos estilos das cervejas da escola alemã possui um caráter de sabor e aromas mais leve, podendo facilmente ser bebidas em dias mais quentes e proporcionando uma sensação de refrescância. Experimente, por exemplo, as Weizenbier claras, as German Pilseners, as Bohemian Pilseners, as Münchner Helles, as Kölsh e as Dortmunder Export.

Entre os estilos mais encorpados e que surpreendem alguns degustadores menos preparados estão as Rauchbier, com seu caráter defumado; as Doppelbock, com seu alto teor alcóolico e corpo denso; as Eisbock, que são uma versão ainda mais forte e intensa das Doppelbock, além das Bock e das Keller Bier.

A escola alemã é um mundo à parte de cervejas das mais variadas cores e sabores, pronto para ser descoberto pelos apreciadores.

O estilo Bohemian Pilsener foi o pioneiro dentro das cervejas Lager mais leves. Foi desenvolvido na cidade de Pilsen, na República Checa. Conta-se que, na década de 1830, os cervejeiros locais não estavam conseguindo produzir cerveja de qualidade, perdendo produções inteiras. Foi convocado então Josef Groll, um mestre cervejeiro bávaro, que, usando novas técnicas de secagem indireta de maltes, fermentação Lager e lúpulos locais, como a variedade Saaz, conseguiu obter uma cerveja leve, dourada e com um elegante amargor. Surgia assim o estilo Pilsener, ou seja, de Pilsen.

ESCOLA CERVEJEIRA INGLESA (INGLATERRA, ESCÓCIA E IRLANDA)

O isolamento geográfico que a ilha da Grã-Bretanha tem em relação ao resto da Europa se reflete, em parte, nas características dos estilos de cervejas que formam a escola cervejeira inglesa, composta em sua maioria por estilos mais encorpados, com um dulçor de malte característico e um amargor terroso que é a impressão digital dos lúpulos ingleses.

A produção de cervejas nas ilhas britânicas é antiga e, durante o período em que o Império Romano tomou e governou parte da ilha, houve um enorme incremento em tecnologia na produção de cervejas, visto que os romanos trouxeram consigo técnicas de produção e silagem de grãos em maior escala. Como as vinhas não sobreviviam no clima inglês, o investimento na produção de cervejas era natural.

É importante lembrar que a escola cervejeira inglesa engloba também a Escócia e a Irlanda. A maior parte dos estilos ingleses tem como característica o uso de maltes muito bem trabalhados. Nesse ponto, a similaridade com os uísques fica evidente, pois a matéria-prima é o mesmo malte de cevada, e a *expertise* dos produtores para trabalhar com ele proporciona características inimagináveis para suas cervejas. O uso hábil dos maltes proporciona uma doçura natural e característica das cervejas da escola inglesa. Em conjunto com o malte e proporcionando equilíbrio para as cervejas, o uso de lúpulos ingleses traz características herbais e terrosas tanto no aroma como no paladar.

A resistência dos ingleses à moda das cervejas mais leves que varreu o mundo a partir do início do século XX foi memorável. Somente na década de 1960 as cervejas mais leves e de fermentação tipo Lager começaram a entrar, ainda que timidamente, no mercado inglês. Nesse momento, mais precisamente em 1971, os ingleses decidiram criar a Campaign for Real Ale (Camra), ou Campanha pela Ale Real, que visava reforçar a tradição inglesa de produzir cervejas do tipo Ale, utilizar barris para terminar o processo de fermentação dessas cervejas e servi--las também a partir desses barris, mantendo assim seu frescor e sua tradição centenária.

Outro movimento interessante que surgiu no início dos anos 2000 na Inglaterra foi o Beautiful Beer, que consistiu numa ação promovida pela British Beer and Pub Association (Associação Britânica de Cervejarias e Pubs), que teve como objetivo disseminar e valorizar a cultura cervejeira principalmente por meio do reposicionamento do produto, a partir da antiga imagem de bebida muito popular e de pouca sofisticação, para uma nova e moderna personalidade, consequentemente melhorando o *status* da bebida. Era claro que a imagem do produto estava desgastada demais dentro das ilhas inglesas e muito vinculada a pubs frequentados por torcidas de futebol, o que não representava a totalidade dos consumidores e apreciadores de cerveja, além de afastar de forma muito clara 50% do público: as mulheres.

A grande variedade de estilos da escola inglesa fica evidente quando observamos que, com os estilos de cervejas mais leves, como as Mild Ale, Summer Ale e as Pale Ale, esta escola busca proporcionar refrescância, sem abrir mão, no entanto, do sabor maltado característico. Já os estilos mais pesados e encorpados das cervejas dessa escola, como as Barley Wine, as Scotch Ale, as Imperial Stout e as Strong Ale, são compostos por cervejas que possuem características muito similares aos uísques e destilados, podendo inclusive passar por estágio em barris de madeira, que lhes proporciona sabores ainda mais complexos e cativantes. Esses produtos abrangem um grande leque de consumidores e permitem ao bebedor degustar a cerveja de uma forma mais lenta e atenciosa, para poder perceber todas as nuances oferecidas pela bebida e, somente assim, desfrutar ao máximo o prazer proporcionado por ela.

Os escoceses têm uma tradição de uísque incontestável e passaram a produzir cervejas utilizando os conhecimentos adquiridos nessa tradição. As Scotch Light Ale, as Scotch Heavy Ale e as Scotch Strong Ale são estilos de origem escocesa que apresentam uma complexidade aromática e de paladar que rivaliza com os melhores Scotch Whiskys, e podem ser degustadas nas mesmas oportunidades em que um uísque cairia muito bem.

A ORIGEM DO ESTILO INDIA PALE ALE

Durante o período em que a Inglaterra colonizava a Índia, a viagem até a colônia se dava por meio de navios que por vezes contornavam a África até chegar ao destino. Os ingleses na colônia, sedentos por cerveja, aguardavam ansiosamente a chegada de novos navios trazendo barris de Pale Ale, a cerveja mais comum na Inglaterra naquele tempo. Porém, era comum que eles se frustrassem, pois as Pale Ale não aguentavam a viagem longa de navio até chegar à Índia. Os cervejeiros criaram então uma cerveja com maior teor alcoólico e mais lúpulo, para que ela pudesse suportar a viagem e chegar a seu destino com a qualidade aguardada pelos consumidores. Assim teria surgido a India Pale Ale, que caiu no gosto dos ingleses que estavam na colônia e depois passou a ser apreciada por todo o mundo.

Os irlandeses são conhecidos por serem os beberrões do mundo cervejeiro. Parte dessa fama se deve às comemorações do Dia de São Patrício (Saint Patrick's Day), que é a conhecida festa tradicional irlandesa regada a cerveja e cultura folclórica. Está entre as festas cervejeiras mais celebradas no mundo e na verdade é uma comemoração do aniversário da morte de São Patrício, muito cultuado pelos católicos irlandeses.

ESCOLA CERVEJEIRA BELGA (BÉLGICA, HOLANDA E FRANÇA)

As cervejas da escola belga são as queridinhas dos apreciadores de cervejas especiais e artesanais. A complexidade dessas cervejas e a grande variedade e diversidade de estilos faz com que a Bélgica seja reconhecida mundialmente pela qualidade dos itens produzidos por suas cervejarias.

Praticamente todos os rótulos de cerveja belga são reconhecidos pela primazia com que são produzidos e apresentam características de aromas e sabores muito interessantes. Os estilos se tornaram tão famosos que passaram a ser copiados por cervejarias de todo o mundo, algumas vezes mal interpretados ou modificados. Por hábito, chamamos de escola belga, mas ela na verdade engloba três países: a Bélgica, a Holanda e a França.

Se traçarmos uma linha dividindo a Europa ao meio, a parte superior será a região onde tradicional, histórica e culturalmente se produzem grãos e bebidas fermentadas ou destiladas derivadas de grãos. A parte inferior será a região onde se encontram os maiores e melhores vinhedos do continente europeu. A Bélgica se encontra exatamente no meio do caminho, recebendo as melhores características dos dois mundos: cerveja e vinho. As garrafas de cerveja na Bélgica possuem o mesmo volume que as garrafas de vinho, 750 mililitros, e a complexidade de aromas, o bouquet e os sabores que podem ser encontrados em uma cerveja da escola belga normalmente se igualam ou superam as características dos melhores vinhos do mundo.

A produção e o consumo de cervejas são tão tradicionais na Bélgica que seu uso é comum na preparação de alguns pratos regionais. "Cuisine à la bière" é uma área de estudo gastronômico no país e vai muito além das marinadas que estamos acostumados a encontrar aqui no Brasil. O hábito de produzir e consumir cerveja está tão enraizado nas famílias belgas que não é de se estranhar que crianças consumam cervejas mais leves.

Para os turistas em passagem pelo país, não visitar nenhuma cervejaria e não ir a alguns dos bares de cerveja tradicionais é como "ir a Roma e não ver o papa". A cerveja está tão presente na cultura belga que uma das escolas mais respeitadas para a formação de mestres cervejeiros em todo o mundo se encontra em Leuven e forma profissionais gabaritados para trabalhar em quaisquer cervejarias do mundo.

Cervejas Lambic

Uma das pérolas da escola cervejeira belga é o estilo Lambic, que guarda até hoje a forma de produção tradicional de cerveja, sendo produzida com técnicas antigas e tidas por muitos como ultrapassadas. Para esse estilo, os cervejeiros belgas utilizam como fermento as leveduras que se encontram dispersas no ar para induzir um processo de fermentação espontânea na cerveja. Após a fervura, o processo de resfriamento se dá em tanques abertos, deixando que a levedura natural do ar da região possa entrar em contato com o líquido. A cerveja é posteriormente acondicionada em barris de madeira, onde ocorre então sua fermentação e maturação, de forma a proporcionar sabores ricos, complexos e uma acidez característica e facilmente reconhecível. Esse estilo só pode ser produzido na Bélgica, nos arredores da cidade de Bruxelas, próximo a Lembeek, que teria originado seu nome. Os cervejeiros belgas utilizam uma quantidade muito maior de lúpulo em sua produção, porém esse lúpulo é envelhecido antes de ser utilizado, não proporcionando assim o amargor característico da planta, mas trazendo características conservantes para a cerveja. Após o processo de fermentação que ocorre em barris de madeira, em um ano se obtém a cerveja Lambic, que só é comercializada em poucos lugares na região.

CERVEJAS TRAPISTAS

Os monges da Ordem Cisterciense da Estrita Observância, também chamados de monges trapistas, são reconhecidos pela qualidade dos produtos aos quais dedicam sua vida para produzir. Seguindo o lema *Ora et Labora*, ou seja, "ore e trabalhe", os monges se dedicam, em diversos mosteiros, a produzir alimentos e cerveja. Até hoje, doze desses mosteiros têm a qualidade de suas cervejas reconhecida internacionalmente pelo Selo de Produto Trapista Autêntico. Os mosteiros são: Chimay, Orual, Westmalle, Westuleteren, Achel e Rochefort na Bélgica; La Trappe e Zundert na Holanda; Mont des Cat na França; Eggenzel na Suíça; Tre Fontaine na Itália e Spencer nos Estados Unidos.

As cervejas da escola belga se dividem entre estilos mais leves, também complexos, tais como as Witbier, Saison e Blond Ale – cervejas que, apesar de apresentarem características mais leves de sabor e aromas, são ricas e oferecem alto potencial gastronômico –, e estilos mais encorpados e complexos, que têm como representantes as Strong Golden Ale, Strong Dark Ale e Quadruppel. Estas oferecem aromas e sabores mais intensos, proporcionando ao degustador uma relação mais longa com a taça, sendo possível uma "conversa" ainda mais profunda com a cerveja, observando as diferentes sensações proporcionadas pelo líquido.

ESCOLA CERVEJEIRA AMERICANA (ESTADOS UNIDOS E CANADÁ)

Sendo a mais recente escola cervejeira a ganhar tal reconhecimento, a escola americana é a bola da vez no mercado cervejeiro global. O processo para se tornar uma escola cervejeira vai muito além do simples fato de se produzir cervejas com características especiais dentro das fronteiras do país. Há muitos anos a região produz maltes e lúpulos com características muito específicas e diferentes daqueles que normalmente se encontram nas três escolas cervejeiras clássicas. A presença da cerveja na sociedade americana e na cultura do povo é

bastante enraizada, já que os Estados Unidos foram colonizados pelos ingleses e, desde o início de sua história, receberam imigrantes de diversas partes do mundo, como alemães, irlandeses e holandeses em quantidades significativas, apenas para citar quatro comunidades que foram muito importantes na formação cultural dos Estados Unidos. E esses países, como vimos, têm uma relação muito direta e clara com a produção de cervejas.

Os primeiros barris de cerveja chegaram aos Estados Unidos em 1620 a bordo do navio Mayflower, que trouxe os primeiros peregrinos para colonizar os Estados Unidos, e desde então a cerveja fez parte da cultura do novo país que se formava. George Washington era um apreciador de cervejas e um incentivador da produção de vinhos e cervejas no território americano. Durante várias décadas, a produção se deu em pequenas cervejarias, abastecendo primariamente o mercado local e regional a poucos quilômetros de seu entorno, assim como ocorreu na Europa. Nesse período, os estilos eram similares aos estilos dos países de origem, caracterizando-se muito mais como reproduções dos estilos tradicionais.

Lei Seca

Em 1920, os Estados Unidos entraram no período mais crítico para a história da cerveja em seu país. Iniciava-se o período conhecido mundialmente como Prohibition (em português, Lei Seca), durante o qual não era autorizada a produção, o armazenamento em barris ou garrafas, a distribuição, o transporte, a venda, a posse e, principalmente, o consumo de quaisquer bebidas alcoólicas dentro do território dos Estados Unidos. A "Lei Seca", que tinha o nome original de Volstead Act (Andrew John Volstead foi o político que a redigiu), foi proposta para atender às demandas de um crescente movimento encabeçado por produtores rurais que, por meio de associações conservadoras, defendiam a proibição de bebidas alcoólicas. Esses movimentos locais ganharam força com o apoio da União das Mulheres Cristãs pela Temperança (em inglês, Woman's Christian Temperance Union). Elas interpretavam de forma radical os estudos e as afirmações do renomado médico Benjamin Rush, que recomendava a moderação no consumo de bebidas alcoólicas. Elas defendiam o lema: "Lábios que tocam bebidas alcoólicas jamais tocarão os meus".

Com a capilaridade atingida nessa parceria, os Estados Unidos entraram em 13 anos de Lei Seca. Esse período modificou o paladar de toda uma geração de consumidores; mudou a indústria cervejeira americana e, por consequência, a indústria cervejeira mundial nas décadas que vieram a seguir. Em 1933, quando a Lei Seca foi extinta, muitos americanos não tinham mais o hábito de consumir bebidas alcoólicas, e aqueles que tinham o hábito no período anterior à lei haviam se desacostumado aos aromas, sabores e teores alcoólicos, mais intensos. Os produtores de bebidas alcoólicas tiveram então que se adaptar aos novos padrões de consumo: diminuindo o teor alcoólico, reduzindo os sabores de maltes especiais e o amargor, aumentando potencialmente a carbonatação e os volumes produzidos. Surgia assim o estilo Standard American Lager, que dominaria o mercado na maior parte do mundo nas próximas décadas.

No entanto, não só alterações ruins vieram do período da Lei Seca. O maior fator benéfico que surgiu a partir dessa época foi o aumento da produção caseira de cervejas. Tradicionalmente, os povos que migraram para os Estados Unidos já possuíam o hábito de produzir em casa suas bebidas alcoólicas, porém, durante o período de proibição, esse hábito foi solidificado e, em muitos casos, resgatado por pessoas que não o faziam com frequência. Conta-se, inclusive, que durante a proibição algumas maltarias e cervejarias passaram a comercializar o extrato de malte, produto com o qual se torna muito mais fácil produzir cervejas em casa. A cena da cerveja caseira americana ganhou força e se estabeleceu também graças ao período da proibição.

Período de ouro da cerveja nos Estados Unidos

Foi somente em 1976 que o presidente americano autorizou os cervejeiros caseiros a comercializar suas cervejas. Esse foi mais uma vez um ponto memorável na história da escola cervejeira americana. A partir desse momento, dezenas de cervejeiros caseiros vislumbraram na cerveja uma fonte de renda e uma possibilidade de montar seus próprios negócios. Assim, muitos iniciaram sua produção em escala e abriram suas microcervejarias. Hoje algumas das maiores e melhores cervejarias do mundo estão dentro dos Estados Unidos. A escola cervejeira americana é conhecida mundialmente pelas releituras de estilos clássicos, pela ousadia e até mesmo audácia ao retratar esses estilos, pelo uso de quantidades significativas de lúpulos, que trazem aromas muito intensos e amargor rascante para suas cervejas, e por reinterpretar estilos com teores alcoólicos maiores.

Alguns dos exemplos de estilos americanos mais leves são as Wheat Ale, uma reinterpretação mais leve das cervejas de trigo do sul da Alemanha, sem os aromas frutados e condimentados presentes no estilo europeu; as American Pale Ale, que seguem o estilo inglês, porém com uso de lúpulos americanos e menos dulçor de malte e aromas frutados; e o estilo California Common, que surgiu no século XIX, na Califórnia, enquanto ainda não era possível refrigerar a cerveja durante a produção, sendo uma Lager fermentada em temperaturas de Ale. Já os estilos mais pesados da escola americana são compostos pelas Imperial Stouts – inspiradas nas Russian Stouts Inglesas, porém com mais álcool e com uma lupulagem não presente em suas semelhantes – e as Barley Wine, mais fortes e frutadas, doces e bastante alcoólicas. Inspiradas

SURGIMENTO DA INDIA BLACK ALE

As India Pale Ale e suas variações são os estilos que estão em alta no momento. Muitas dessas cervejas são originárias da escola cervejeira americana, que tem como mote a interpretação de estilos clássicos e a criação de variações desses estilos. A criatividade dos cervejeiros sempre está proporcionando novos rótulos, porém em alguns momentos surgem nomes que podem confundir o consumidor desavisado. Esse é o caso das "Black" India "Pale" Ale, que são também chamadas de Cascadian Dark Ale ou de India Black Ale. O nome original não parece tão adequado, pois o "Pale" significa "pálido" ou "claro", e ao degustarmos essa cerveja, percebemos que sua cor vai do marrom escuro ao preto. É um estilo interessante, que repete o amargor e os aromas de lúpulo das India Pale Ale, porém contam com maltes tostados e torrados na receita, que proporcionam aromas de café e chocolate amargo.

também no estilo homônimo inglês, porém com maior teor alcoólico e com o uso de lúpulos americanos na receita, as Barley Wine podem ser armazenadas para consumo durante alguns anos.

ESCOLA CERVEJEIRA BRASILEIRA?

A interrogação no título acima tem exatamente o intuito de provocar o questionamento, visto que umas das perguntas mais comuns e que gera discussões muito acaloradas em rodas de apreciadores de cervejas é a seguinte: "Já podemos dizer que temos uma escola brasileira de cervejas?".

É possível que estejamos no caminho para nos transformar em uma escola cervejeira, porém, é um tanto exagerado dizer que já chegamos lá. Todas as escolas cervejeiras comentadas neste capítulo têm alguns fatores em comum. Elas existem há muito tempo, possuem ingredientes característicos, utilizam matérias-primas de forma diferenciada das outras escolas cervejeiras, possuem diversos estilos de cervejas, apresentam características de aroma e sabor únicos, possuem um enorme número de cervejarias, produzem principalmente para o consumo no seu próprio entorno, possuem uma precificação justa para as cervejas (já inclusos os impostos cobrados na produção) e, para finalizar, têm na sua população

os grandes consumidores e propagadores de suas cervejas.

Isso sem falar nos conceitos técnicos de produção e nas matérias-primas que, quando são de qualidade, são importadas em escala insuficiente para abastecer completamente o mercado. Só recentemente começamos a encontrar disponíveis no mercado maltes de pequenas maltarias nacionais com qualidade, mas a produção de lúpulo é praticamente inexistente, exceto por pequenos produtores na região Sul e na serra da Mantiqueira, entre os estados de São Paulo e Minas Gerais.

Vários produtores já começaram a trilhar esse caminho, oferecendo ao mercado cervejas com ingredientes que possuem características regionais, utilizando frutas típicas e outras matérias-primas que apresentam uma brasilidade e uma ideia de exclusividade do nosso país, porém o caminho para o reconhecimento internacional é muito longo e é possível que só estejamos dando os primeiros passos.

O intuito não deve ser crescer a qualquer custo, mas, sim, crescer de forma sustentável e poder aculturar o consumidor conforme as novas opções vão aparecendo no mercado. Enquanto ainda não temos uma escola brasileira de cervejas, podemos nos divertir degustando as inúmeras cervejas de qualidade que já são produzidas no país, oriundas de grandes ou pequenas cervejarias.

4. DEGUSTAR EM VEZ DE EMBRIAGAR-SE

Esse é um assunto polêmico e pode facilmente terminar em uma briga de bar. Muitos vão acreditar que temos a mesma formalidade e pompa geralmente associada aos degustadores de vinho. Mas eles não poderiam estar mais enganados.

Nos últimos anos, são os profissionais do vinho que estão cada vez mais se aproximando da simplicidade e da leveza do discurso dos profissionais da cerveja. Isso se deve bastante ao crescimento que o mercado de cervejas artesanais teve nos últimos anos, à maior oferta de cervejas especiais e artesanais e ao grande aumento no interesse e até mesmo na curiosidade dos consumidores por esses tipos de cerveja.

Esse movimento do mercado, unido à grande variedade de marcas, rótulos e estilos de cerveja que agora estão presentes nos mais diversos atacadistas, supermercados, restaurantes e bares, vem transformando a cerveja em um assunto cada vez mais presente em nosso dia a dia. Por isso, já não é incomum ouvir pessoas discutindo sobre sabores, aromas e texturas de cervejas, quando antes os assuntos que reinavam nas mesas de bares e restaurantes eram outros.

Esses consumidores saíram do estágio inicial de somente querer "encher a cara" e já se preocupam com as centenas de informações que podem ser percebidas em um copo de cerveja.

As novas ofertas de produtos se transformam em novas tendências e formas de consumo para esse bebedor mais antenado, que cada vez mais conhece as características e os pormenores do que bebe, passando a ser um degustador.

Cabe ressaltar que existem duas formas de se degustar cervejas. A primeira é a degustação técnica, geralmente realizada por mestres cervejeiros e profissionais em cervejarias, cujo foco é o controle de qualidade, a repetibilidade nos sabores e a eventual identificação de defeitos no produto. A degustação técnica também é utilizada por juízes em competições nacionais e internacionais de cervejas, com o principal objetivo de encontrar as cervejas que estão mais próximas às características ideais do estilo a que se propõem. Para atingir os níveis de conhecimento exigidos para essa forma de degustação, são necessários treinamentos, cursos, muitas "horas-copo" de degustação

O *SOMMELIER* DE CERVEJAS

Um novo profissional que surgiu nesse borbulhante mercado de microcervejarias e cervejas importadas foi o *sommelier* de cervejas. Para exercer essa função, é necessário ter sido aluno de um dos cursos de formação que existem no país, todos com aproximadamente 100 horas de duração. Esse profissional é qualificado para realizar degustações técnicas e muitas vezes atua em cervejarias, onde auxilia no desenvolvimento de receitas e trabalha na recepção de grupos de visitantes que desejam uma visita mais técnica, além de ter um papel fundamental em treinamentos internos e externos, com distribuidores ou pontos de venda que trabalhem com suas cervejas. Pode ainda atuar ao lado dos importadores, participando da seleção de quais rótulos serão importados, exercendo um trabalho educativo, assim como os que atuam dentro das cervejarias. Cabe a esse profissional o desenvolvimento de cartas de cerveja e a organização de pequenos eventos de degustação para restaurantes e bares. A tendência atual do mercado é que cada vez mais esse profissional seja requisitado e necessário.

e uma invejável "litragem" de cervejas que sejam reconhecidamente de qualidade e representativas de seus estilos ou países de produção. A segunda forma de degustação é a degustação hedonística, que visa única e exclusivamente ao prazer do consumidor das cervejas. Então por que não podemos chamar a degustação hedonística simplesmente de "beber cerveja"? A resposta é igualmente simples: degustar uma cerveja é muito mais do que simplesmente bebê-la. Degustar é utilizar todos os cinco sentidos com muita atenção. Nos dois casos, "submetemos" o produto a uma avaliação organoléptica para perceber todas as características que o líquido nos apresenta.

ASPECTO VISUAL

A degustação se inicia após o serviço, quando a cerveja é colocada no copo e o degustador simplesmente observa o líquido. Deve-se tomar devida atenção com a coloração, a limpidez, a formação e retenção de espuma, entre outros aspectos. O visual deve ser convidativo para que o degustador queira experimentar a cerveja. A cor escura, marrom ou avermelhada indica a presença de maltes especiais, que proporcionam aromas e sabores diversos à cerveja. A limpidez e a transparência da cerveja indicam se ela é filtrada ou se possui levedura e resíduos no interior da garrafa. Apesar de não serem comuns nas cervejas de grandes marcas, essas características são procuradas em alguns estilos e se tornam parte essencial de certos rótulos, como as cervejas HefeWeizen, que apresentam uma turbidez proveniente da levedura presente no interior da garrafa pela não filtragem da cerveja.

Alvo de críticas infundadas, o colarinho é fator determinante na qualidade da cerveja servida, principalmente quando saída de um barril, como é o caso do chope aqui no Brasil. Apesar de odiado por muitos, o colarinho serve para manter a temperatura e diminuir o contato da cerveja com o oxigênio, mantendo assim a qualidade e a cremosidade do líquido, além de compor o aspecto visual da taça, deixando-a completa. Alguns estilos de cerveja perdem completamente a graça e ficam ruins se forem servidos sem colarinho.

Observar a taça também é muito importante, pois ela indica se o copo está limpo e se o chope foi bem tirado. Se há bolhas presas na parede da taça é sinal de que ela não foi devidamente higienizada para o serviço. Quando, por exemplo, o colarinho se desfaz muito rápido, principalmente no caso de chope, é sinal de que havia resíduos de detergente ou mesmo de gordura na taça.

Dica rápida: observe a formação e a retenção do colarinho, as borbulhas, a cor e a limpidez da cerveja.

ASPECTO OLFATIVO

Assim que passa pelo crivo do olhar, a cerveja alcança o próximo ponto na degustação: o olfato. Embora o ser humano venha perdendo gradativamente suas habilidades olfativas, deve-se cheirar a cerveja antes de degustá-la. Os aromas que se podem extrair de uma cerveja são os mais diversos possíveis, e sua interpretação depende muito de nossa memória olfativa, isto é: os cheiros com os quais cada um de nós esteve acostumado desde a infância. Assim, não existe uma única interpretação correta para as sensações olfativas possíveis de serem encontradas nas cervejas.

Ao sentirmos um cheiro, as partículas microscópicas que carregam as substâncias químicas entram pelas nossas narinas e são prontamente decodificadas pelo cérebro. Esse processo ocorre muito rapidamente e consistiu em uma habilidade muito importante para nossos ancestrais por uma questão de sobrevivência. Hoje, quase não precisamos mais cheirar nossa comida para saber se ela está apta para o consumo. Vamos então exercitar o olfato na degustação, a fim de perceber aromas que normalmente associamos com outros alimentos e condimentos.

Caso decida cheirar sua taça, não se surpreenda se algumas cervejas trouxerem informações aromáticas fantásticas! Podem ser os mais diversos aromas: frutas, condimentos, ervas, temperos, juntamente de aromas doces, tais como mel, caramelo, açúcar mascavo, e aromas torrados, que nos remetem a café e alimentos defumados. Obviamente, nem todos esses aromas serão percebidos em uma mesma cerveja e também não se apresentam em conjunto. Mas, memória afetiva à parte, o aroma alcoólico e tostado que se sente ao degustar uma cerveja do estilo Russian Imperial Stout é fantástico e praticamente inebriante!

É possível perceber na cerveja aromas frutados e condimentados originários das matérias-primas, como os lúpulos americanos, que remetem a frutas tropicais, ou então a levedura tradicional das cervejas de trigo, que nos remete aos aromas da banana e do cravo. Em alguns estilos, como nas Witbiers belgas, o aroma frutado é originário da adição de raspas de casca de frutas cítricas, e o condimentado, da adição de sementes de coentro.

Dica rápida: sirva a cerveja e cheire-a primeiramente sem agitar, percebendo assim os aromas mais voláteis. Depois, agite o copo e cheire novamente a fim de confirmar sua primeira percepção. Então, deixe a cerveja descansar um pouco e cheire mais profundamente para perceber os aromas mais profundos. Tente fazer associações com alimentos e condimentos conhecidos.

ASPECTOS GUSTATIVOS

Depois do olfato, entra em ação o paladar. Após percebermos os aromas presentes nas cervejas, cabe ao nosso paladar confirmar e perceber os demais sabores presentes no líquido. Todas as cervejas vão apresentar alguma intensidade de variação entre os quatro gostos básicos: salgado, doce, ácido e amargo. A sensibilidade para perceber esses gostos varia de pessoa para pessoa e também de acordo com as experiências sensoriais já vividas por cada uma. Assim, algo que hoje é muito salgado para mim pode ser percebido como menos salgado para outras pessoas e vice-versa. O equilíbrio entre os gostos básicos é interessante na maioria dos estilos de cerveja, porém existem alguns estilos, como as India Pale Ale, em que o amargor é fator predominante no paladar, e também as Geuze, cervejas com fortes características de acidez.

Toda boa cerveja deve ser equilibrada, e seus sabores devem ser harmoniosos ao paladar; portanto, para que possamos ter uma cerveja de qualidade, é imprescindível que ela não possua arestas ou pontos muito fora da curva que irão tirá-la de seu equilíbrio. Estilos muito amargos devem possuir um corpo maltado que equilibre esse amargor. Estilos muito alcoólicos devem possuir um corpo que comporte esse álcool para que a cerveja não fique desequilibrada.

Dica rápida: o primeiro gole deve ser pequeno, espalhado por toda a boca e então cuspido, ou, preferencialmente, engolido. Os franceses chamam esse ritual de "faire le bouche". A partir do segundo gole percebem-se melhor os sabores. Lembre-se de abrir levemente a boca e deixar passar ar, para que seu nariz auxilie na percepção dos sabores.

da boca, e por isso devemos ter a atenção necessária para senti-las e percebê-las. A primeira sensação é a temperatura do líquido. Cada estilo possui uma temperatura ideal de consumo, porém, pode-se tomar como regra que quanto mais leve for a cerveja, mais fria ela deve estar, lembrando que nunca devemos congelar a cerveja. Depois deve-se perceber o corpo da cerveja, sua densidade no interior da boca. Ela possui um corpo leve, associado normalmente à água, ou lembra a densidade de um suco, quem sabe a mesma densidade do leite, ou é bem encorpada, lembrando o peso de um iogurte sobre a língua? O corpo está diretamente relacionado aos estilos e aos maltes utilizados na receita da cerveja. Deve-se observar se a cerveja apresenta carbonatação e se sua textura é agradável ou mais rascante e áspera. Ao engolir a cerveja, a sensação é de refrescância ou de aquecimento? O teor alcóolico tem grande influência nessa sensação, bem como a temperatura correta de serviço.

ASPECTOS TÁTEIS

Outras características importantes que devem ser levadas em consideração são as sensações de boca, ou seja, o uso do tato durante a degustação. Essas sensações são percebidas pelo contato do líquido com a parte interior

Dica rápida: não engula rápido sua cerveja, deixe que ela permaneça na boca por algum tempo, "converse" com sua cerveja.

CADA CERVEJA COM SEU COPO

É importante que cada cerveja seja servida em copos que valorizem as características do líquido, e que ao mesmo tempo deixem a experiência mais prazerosa e agradável. Muitas pessoas erroneamente acreditam que os copos não influenciam na sensação de boca ao se tomar os mais diversos estilos de cerveja. Bem, eles não poderiam estar mais enganados...

MASS OU SEIDEL

O Mass é na verdade um dos copos mais clássicos: trata-se de uma caneca que pode conter até 1 litro de cerveja, muito utilizada em eventos cervejeiros, principalmente na Oktoberfest! É um copo mais grosso e mais rústico. Suas grossas paredes e o fundo de vidro são resistentes e podem suportar muito bem os brindes mais agressivos que acontecem durante as grandes festas cervejeiras. Muitas cervejarias utilizam esse tipo de copo para divulgar suas marcas, colocando seus logotipos e vendendo suas canecas nesses eventos. Com paredes retas e boca larga, ele é ideal para tomar cerveja em grandes goles. Qualquer estilo de cerveja pode ser tomado no copo Mass, porém os mais tradicionais são as cervejas Helles, Oktoberfest, Marzen e Pilsner. O Mass também pode ser chamado de Seidel.

MUG, STEIN OU CANECA

O Mug, também chamado de Stein ou simplesmente caneca, pode ser feito de vidro, cerâmica ou metal e, assim como o Mass, também é robusto e feito para brindar em ocasiões festivas. Quando é feito de vidro costuma ter o diâmetro da base um pouco menor que o da boca, que também é larga e desenhada especificamente para grandes goles. Quando é elaborado em cerâmica normalmente tem a base um pouco mais larga do que a boca, e pode ter uma tampa metálica decorativa, que serve para fechar o copo. Geralmente são copos muito bonitos quando em cerâmica, e despertam a curiosidade de colecionadores, que chegam a possuir dezenas deles. Em alguns restaurantes mais tradicionais, na Alemanha, é possível que o cliente deixe sua caneca de cerâmica armazenada em armários metálicos do próprio estabelecimento, para que, ao voltar ao restaurante, ele possa utilizar sua própria caneca. Alguns desses copos, quando

feitos exclusivamente para decoração, podem ser produzidos em metal. Pela praticidade e também visando a menores custos, surgiram canecas mais simples de cerâmica e de vidro. Para a degustação de cervejas, é preferível sempre usar canecas de vidro. Se forem utilizadas canecas de outro material, é necessário certificar-se de que foram muito bem higienizadas. Os estilos que se apresentam melhor quando degustados nesse tipo de caneca são: American Amber Ale, Irish Red Ale, Scottish Ale e Bock.

LAGER

Costuma-se chamar, incorretamente, o Lager de tulipa. Esse é o copo que, no Brasil, ficou tradicionalmente conhecido como o copo de chope. Ele possui uma base grossa e mais fina do que a boca, porém suas paredes são arredondadas e a boca é levemente fechada. Por causa da leve curvatura em sua parede, ele mantém o colarinho do chope e, por apresentar a boca mais fechada, concentra os aromas que emanam da bebida. Ganhou fama e ficou reconhecido como o copo de chope em virtude de sua praticidade e resistência, pois normalmente não é um copo com paredes muito finas. Os estilos de cerveja que tradicionalmente se apresentam melhor quando

apreciados nesse copo são: Pilsen, American Lager, Dunkel, Vienna Lager e Schwarzbier.

WEIZEN

Normalmente produzido com vidro um pouco mais fino e elegante, esse copo possui uma base mais grossa e uma cintura mais fina, terminando em uma boca larga, tendendo para dentro. As ondulações ou o ângulo das paredes são projetadas para que, a cada gole, a espuma se conserve, mantendo, assim, a qualidade da cerveja servida. Em geral esse copo tem a capacidade de 500 ml, exatamente a mesma capacidade das tradicionais garrafas de cerveja de trigo do sul da Alemanha. Assim, as cervejas são servidas inteiras no copo. Graças à sua cintura mais fina, o copo permite observar melhor a transparência do líquido, suas cores e características. Sua boca larga, porém fechada, permite que a espuma, própria das cervejas de trigo, se expanda sem sair do copo. Quando o serviço é feito de forma correta, forma-se uma pequena barriga de espuma saliente para fora do copo. Os estilos de cerveja que tradicionalmente se apresentam melhor quando apreciados nesse copo são: Dunkel Weizen, Gose, Weizenbock ou Hefe Weizen, Weizenbier e American Wheat Ale.

COPO CILINDRO OU STANGE

Esse copo normalmente é produzido com vidro mais fino e delicado, e como o próprio nome diz, possui formato cilíndrico. Geralmente é utilizado para cervejas do estilo Altbier e Kölsch, por possibilitar a ampliação dos aromas e dos sabores do malte e do lúpulo. Sua parede reta e seu formato alongado fazem com que todos os aromas presentes no líquido saiam diretamente para o nariz do degustador. Esse copo também pode ser conhecido como Stick ou Collins. Os estilos de cerveja que tradicionalmente se apresentam melhor quando apreciados nesse copo são: Altbier, Kölsch, Lambic e Faro.

COPO CALDERETA OU SHAKER

Um copo que ganhou fama e notoriedade no Brasil por ser barato e simples, porém sem desagradar o degustador. É um copo considerado versátil, normalmente comportando cerca de 300 a 350 ml de cerveja. Muito resistente e de fácil manuseio em máquinas de lavar louça, foi eleito como o copo de chope das mais diversas choperias, muito usado por grandes e microcervejarias para esse propósito. Seu formato não agrega valor à degustação, sua boca larga dissipa os aromas, não sendo portanto ideal para cervejas que devem ser degustadas por tempo mais longo. Os estilos de cerveja que tradicionalmente se apresentam melhor quando apreciados nesse copo são: American e English Ales, Lagers escuras, Ordinary Bitter, British Brown Ale, Sweet Stout e Oatmeal Stout.

COPO AMERICANO

É o copo que representa para os brasileiros a sensação de boteco. Seu visual é clássico e facilmente reconhecido. Um copo resistente e barato, que comporta normalmente 236 ml. Já foi considerado de mau gosto, mas hoje é um ícone do design de copos e referência de estilo. Os estilos de cerveja que tradicionalmente se apresentam melhor quando apreciados nesse copo são: German Pilsen, Vienna Lager, American Pale Ale e California Common.

SNIFTER

Tradicionalmente conhecido como o cálice usado para servir brandy ou conhaque. Como o próprio nome indica, esse é um copo formatado para que se possa cheirar (*snif*) todos os aromas provenientes de cervejas mais fortes, já que possui um formato arredondado, com boca estreita que retém os aromas. A forma correta de segurar o copo Snifter é colocar a mão no bojo e manter a haste entre os dedos, para aquecer levemente a bebida, apreciando melhor seus aromas. É excelente para capturar os aromas e manter a espuma da cerveja, pois permite que ela seja levemente agitada, em movimentos circulares. Como possui a boca mais estreita que o bojo, não oferece risco de que a cerveja transborde. Os estilos de cerveja que tradicionalmente se apresentam melhor quando apreciados nesse copo são: Eisbocks, English Barley Wine, Old Ale, Russian Imperial Stout, Helles Bock, Dunkler Bock, Doppelbock, Belgian Pale Ale e Belgian Blond Ale.

FLAUTA OU FLUTE

Tradicionalmente associado ao champanhe, esse copo também tem seu espaço entre as cervejas. É um copo de elegância e portanto é utilizado para servir cervejas que apresentam essa mesma característica. Como foi desenvolvido visando manter o perlage dos espumantes (bolhas), é um copo ideal para as cervejas que passam pelo método Champenoise (re-fermentação na garrafa). Como normalmente é elaborado em vidro muito fino ou em cristal, é um copo delicado, que permite observar a cor, as bolhas, a formação e a retenção de espuma da cerveja com grande facilidade. Os estilos de cerveja que tradicionalmente se apresentam melhor quando apreciados nesse copo são: Fruit-Lambic, Geuze e Bierre Brut.

PINT BECKER

Copo tradicionalmente inglês, tem o formato parecido com o cilindro, sendo, porém, mais largo. Feito de vidro mais grosso, é um copo robusto, que permite beber vários tipos de cerveja. Sua boca larga possibilita que o bebedor dê grandes goles — ideal, portanto, para o consumo de uma grande quantidade de cerveja. Os estilos que tradicionalmente se apresentam melhor quando apreciados nesse copo são: English Ales, Rauchbier, Bitter e Pumpkin Ale.

PINT NONICK

Outro copo tradicionalmente inglês. Possui a boca mais larga que o corpo, sendo o copo mais utilizado pelos consumidores nos pubs da Inglaterra e da Irlanda. Seu design foi elaborado visando à resistência, por isso o vidro é mais grosso, e o anel saliente na parede do copo tem por objetivo possibilitar que eles sejam empilhados sem que fiquem presos e se quebrem. Os estilos de cerveja que tradicionalmente se apresentam melhor quando apreciados nesse copo são: Stout, Porter, Imperial Stout, Irish Red Ale, English Pale Ale, India Pale Ale (IPA) e English Bitters.

PILSEN OU POKAL

Copo tradicional para as cervejas do estilo Pilsen, possui um formato cônico e normalmente é de vidro mais fino e elegante. Possui base grossa e haste curta. Seu formato permite manter a cerveja fresca por mais tempo, pois possibilita a boa formação de espuma. Como sua boca é mais aberta, propicia grandes goles e direciona os aromas da cerveja diretamente para o nariz do degustador. Pode variar quanto ao volume, podendo apresentar capacidade de 200 ml até 500 ml. Os estilos de cerveja que tradicionalmente se apresentam melhor quando apreciados nesse copo são: American Standard Lager, German Pilsener, Dortmunder, Light Lager, Schwarzbier, Münchner Helles, Münchner Dunkel e Vienna Lager.

WILLYBECHER

Ficou conhecido como o copo tradicional alemão para cerveja, muito utilizado pelas Lagers europeias. Os estilos de cerveja que tradicionalmente se apresentam melhor quando apreciados nesse copo são: German Pilsner, Rauchbier, Münchner Helles, Münchner Dunkel e Vienna Lager.

CÁLICE OU GOBLET

Copo extremamente elegante, normalmente ostentando bordas com detalhes dourados e paredes trabalhadas em alto-relevo. Seu design é pensado essencialmente para permitir a boa formação e retenção da espuma, e como possui boca larga, permite grandes goles. Para completar o estilo, normalmente apresenta uma base grossa e a haste alongada. Variações desse formato, mas que possuem características muito semelhantes, são os copos conhecidos como Bolleke e Trapist. Os estilos de cerveja que tradicionalmente se apresentam melhor quando apreciados nesse copo são: Belgian Dubbel, Belgian Triple, Belgian Strong Ale, Flemish Sour Ale, Trapist e Quadrupel.

TULIPA

Os copos em formato de tulipa ganham esse nome em homenagem à flor homônima. Possuem um design muito parecido com uma taça Snifter, porém a diferença está na borda, virada para fora. Um copo elegante, mais baixo e com haste mais curta. É planejado especificamente para cervejas que apresentam grandes quantidades de espuma. Os estilos de cerveja que tradicionalmente se apresentam melhor quando apreciados nesse copo são: Bière de Garde, Belgian Strong Ale, Lambic, Saison, Scotch Ale, Flandres Oud Bruin, Oude Red Ale, Geuze e Bock.

TUMBLER

Esse é um copo com design robusto, normalmente usado para cervejas que não apresentam uma grande formação de espuma. É um copo difícil de se quebrar, sem haste, com a base plana e o diâmetro da boca bastante largo. Os estilos de cerveja que tradicionalmente se apresentam melhor quando apreciados nesse copo são: Witbier, Geuze e Lambic.

THISTLE

É uma mistura dos formatos Snifter e Pilsen. A parte bojuda, logo acima da curta haste, serve, assim como no Snifter, para que o degustador encaixe a mão a fim de aquecer a bebida. Já sua boca mais larga tem a função de enviar o aroma diretamente ao nariz do degustador. Os estilos de cerveja que tradicionalmente se apresentam melhor quando apreciados nesse copo são: Irish Red Ale, Scottish Light, Scottish Heavy, Scottish Export e Wee Heavy.

INDIA PALE ALE

Copo desenvolvido especificamente para ressaltar as características aromáticas das India Pale Ale e favorecer os aromas de lúpulos norte-americanos. Por possuir uma boca mais fechada, projeta o líquido diretamente para dentro da boca do degustador, para o centro e a parte anterior da língua, em que se sentem mais as características do lúpulo e toda a gama de seus sabores. Os estilos de cerveja que tradicionalmente se apresentam melhor quando apreciados nesse copo são: American IPA, Specialty IPA, Double IPA e English IPA.

TAÇA ISO

Não planejada para nenhum estilo específico, é a taça que ganhou o mundo como referência quando se fala em degustação. Seu bojo tem formato arredondado e capacidade suficiente para receber 50 ml de cerveja, possibilitando que ela seja girada na taça para liberar seus aromas. A boca, mais fechada, concentra os aromas e proporciona ao degustador uma maior assertividade ao utilizá-la em suas degustações.

YARD

Esse copo possui exatamente uma jarda (*yard* em inglês) de comprimento, ou seja, 91 cm. É o copo comumente utilizado nas competições de bebida por "metro". Seu formato é similar aos formatos de tubos de ensaio de laboratórios, porém eles não possuem uma base, por isso são acompanhados de um suporte de madeira. Existem versões menores que são utilizadas por cervejarias como copo padrão de suas cervejas.

BOOT

O copo em formato de bota é tradicional nas festas de cervejas alemãs e teria surgido de uma antiga tradição militar local, quando os soldados vitoriosos bebiam cerveja nas botas para comemorar suas vitórias. Hoje, feitos de vidro ou de porcelana, são usados em competições para ver quem bebe mais rápido seu conteúdo, que normalmente pode ser de 1 a 3 litros. É considerado um copo "traiçoeiro", pois quando o bebedor não está atento, o conteúdo do bico da bota pode descer de uma só vez e lavar o rosto do bebedor. Os mais diversos estilos podem ser degustados nesse copo.

QUEBRANDO MITOS CERVEJEIROS

Chope x Cerveja

Uma das maiores controvérsias do mundo da cerveja, e que também é motivo de várias discussões em mesas de bar Brasil afora, diz respeito à diferença entre chope e cerveja. Se você é um dos defensores ferrenhos de qualquer um dos lados, provavelmente a informação a seguir não será de seu agrado. Na verdade, na grande maioria das cervejarias, para se produzir o chope, após a maturação, a cerveja passa por um equipamento chamado flash pasteurizador, que faz a temperatura do líquido aumentar e diminuir algumas vezes, geralmente chegando à casa dos 60-65 °C e depois resfriando até a casa dos 10-15 °C. Esse processo faz com que o líquido seja pasteurizado. Após a saída desse equipamento, o líquido vai diretamente para os barris e, no Brasil, leva o nome de chope. É importante lembrar que em todo o mundo o termo usual é cerveja na pressão. Chope é uma palavra muito comum no Brasil e deriva da palavra em alemão, Schoppen, que significa uma medida, cerca de 500 ml.

O mesmo líquido inicial, isto é, antes de passar pelo flash pasteurizador, pode também seguir um caminho diferente: ao sair do processo de maturação, a cerveja pode seguir diretamente para o envase em garrafas de vidro, que posteriormente são fechadas e passam por um equipamento diferente, chamado de túnel de pasteurização, no qual as garrafas são banhadas com água em diversas temperaturas, fazendo com que o líquido em seu interior seja pasteurizado. Esse é o processo tradicionalmente chamado de pasteurização e o líquido resultante dentro das garrafas é convencionalmente chamado de cerveja. Cabe ressaltar também que algumas cervejas não têm suas garrafas pasteurizadas, sendo também chamadas de cervejas vivas. Normalmente recomenda-se que toda a cadeia de distribuição dessas cervejas seja refrigerada.

Para latas, o processo é o mesmo, porém a envasadora de latas já recebe o líquido diretamente do flash pasteurizador. Portanto, é errônea a diferenciação sustentada por vários autores de que o chope não é pasteurizado enquanto a cerveja é pasteurizada. Ambos os produtos podem ou não passar por um processo de pasteurização; porém, quando são pasteurizados, passaram por processos diferentes. A diferença de sabor que sentimos ao tomar um chope ou uma cerveja está muito mais relacionada à forma e ao serviço do chope, que é tirado na pressão com gás carbônico, do que ao processo de fabricação da cerveja.

Garrafa x Lata

Outra dúvida muito frequente e que também gera bastante discussão no meio cervejeiro e nas mesas de boteco diz respeito ao sabor da cerveja em garrafa em comparação ao sabor da cerveja em lata ou em garrafas long-neck. Muitos acreditam que uma ou outra seja melhor. Na verdade, as cervejarias trabalham com vários tipos de embalagem e utilizam o mesmo líquido, isto é, a mesmíssima cerveja para encher as diferentes embalagens. A única variação que existe é um pequeno ajuste e, por consequência, uma pequena diferença de carbonatação. Isso ocorre somente porque algumas embalagens são menos resistentes à pressão e poderia ocorrer de a embalagem não suportar uma pressão um pouco maior. É importante frisar que essas variações de carbonatação são mínimas e dificilmente perceptíveis em uma degustação.

Agora, um fator que nem sempre é levado em consideração pelos consumidores — mas que causa resultados quantitativos visíveis e mensuráveis — é a subjetividade. Se o consumidor ouviu durante toda a sua vida de seu pai, avô, tio, de seus amigos, colegas de faculdade, de todo mundo enfim, que uma determinada marca de cerveja em lata apresenta um sabor melhor, ou que, quando envazada em garrafa, a cerveja também pode apresentar sabores mais ou menos interessantes, ele traz essa informação gravada em sua memória e irá acreditar fielmente nisso. É possível compreender a dificuldade de mudar determinados pontos de vista, porém, o conhecimento técnico sobre a questão é claro: a diferença é mínima, praticamente imperceptível para pessoas que não são treinadas em degustação dentro de fábricas de cerveja.

"A MELHOR CERVEJA É AQUELA QUE SE BEBE OLHANDO A CHAMINÉ DA CERVEJARIA"

Preferencialmente, a maioria dos estilos de cerveja deve ser consumida tão logo seja produzida. Com exceção de alguns estilos que evoluem em garrafa, e portanto merecem um período de guarda, a maioria dos rótulos produzidos em todo o mundo são cervejas para serem tomadas frescas.

Alguns cervejeiros mais "radicais" costumam brincar e dizer que o ideal é que o consumidor que deseja degustar uma cerveja vá até a cervejaria e experimente-a *in loco*, pois assim o cervejeiro pode garantir as melhores condições possíveis para o produto. Há um antigo ditado cervejeiro alemão que diz: "a melhor cerveja é aquela que se bebe olhando a chaminé da cervejaria". Esse ditado nada mais é do que a representação da necessidade de se tomar a cerveja o mais fresca possível.

Sabe-se que o pior inimigo da cerveja é o oxigênio e que quase todos os defeitos que podem ser encontrados nela advêm da oxidação. Alguns fatores podem acelerar esse processo, e o primeiro deles é a temperatura: se uma cerveja permanecer armazenada em local quente ou próximo de alguma fonte de calor, como fogões, motores de geladeira ou quaisquer outros, a temperatura alta acelera a oxidação da cerveja. O segundo fator é a exposição à luz, seja ela a luz natural do sol, seja a luz artificial de lâmpadas, mesmo as que não geram calor, tais como as lâmpadas LED e luz branca. Um terceiro fator a ser observado no armazenamento de cervejas é o tempo. Cervejas não deveriam ser armazenadas por muito tempo, pois quanto mais próxima da data de validade maior a chance de a cerveja apresentar características de oxidação por tempo de prateleira. A umidade durante o armazenamento também é relevante, pois guardar cervejas em local muito úmido propicia que ocorram processos de oxidação e enferrujamento da tampa. Cuide bem de sua cerveja e compre somente o necessário para seu consumo, sem manter um grande estoque em casa.

PARTE 2
o design e o espaço

5. O DESIGN, A CERVEJA E O ESPAÇO

A cerveja espalhou-se pelo mundo influenciando de maneira diversa as pessoas, os relacionamentos e, principalmente, as relações sociais nas diferentes culturas.

Nesta parte do livro trataremos das influências sociais que acabaram por criar espaços de agregação bastante interessantes e adaptados a cada país, como foi o caso, por exemplo, dos pubs ingleses, dos saloons americanos e de nossos botecos, todos com suas características arquitetônicas e de design bastante diferenciadas e específicas.

Trataremos também dos aspectos do design que contribuem para um local de consumo de sucesso, como a ergonomia, a funcionalidade, a praticidade e a força visual, usando exemplos coletados em diferentes países.

Cada um dos estabelecimentos presentes neste livro foi escolhido por sua importância na comunidade em que está localizado, seja pela força do projeto de interiores, seja por suas características de atenção com o público consumidor, que escolheu o local como seu "terceiro lugar", além, é lógico, de oferecer uma cerveja de qualidade.

Alguns dos estabelecimentos são conhecidos e famosos, outros são pérolas escondidas em cidades antigas, subsolos que surpreendem somente se um possível cliente "ousar" descer as escadas.

MOMENTO DE REFLEXÃO: CERVEJARIA LITERÁRIA "O CORVO"

Durante a primeira metade do século XIX só era possível encontrar, no Brasil, cerveja importada, principalmente da Inglaterra, o que restringiu seu consumo a um número muito pequeno da população do país.

Em 1840 foi fundada, na Penha, no antigo Largo do Capim (Largo do Ouvidor), junto ao Largo São Francisco, em São Paulo, a primeira fábrica de cerveja com uma cervejaria literária chamada O Corvo, que obteve sucesso instantâneo, embora a cerveja não fosse ainda um produto muito consumido.

A importância social desse estabelecimento, bem como as características físicas e da atmosfera do local, podem ser "vivenciadas" a seguir, na matéria do jornalista Affonso Schimdt, publicada na edição de 7 de fevereiro de 1927 de *O Estado de S. Paulo*.

Essa matéria comprova a importância social e histórica que as cervejarias tiveram também no Brasil. Elas serviram como pontos de agregação importantes para pessoas influentes, politizadas, estudantes, ou mesmo para aqueles apreciadores informais e descompromissados.

Aí por 1875, a vida dos paulistanos ainda se escoava docemente; a capital continuava a ser, com leves mudanças, a vila provinciana de estudantes e beatas, onde a gente morigerada regulava as doçuras da existência tranquila pelo sino do mosteiro de S. Bento. E como o acertador daquelas badaladas era o relojoeiro Henrique Fox, a Pauliceia ordeira de antanho funcionava com a regularidade de um cuco empoado e moroso...

Havia também uma cervejaria literária: "O Corvo". Esta casa, de propriedade do alemão Henrique Schemburg, ficava num sobradinho da Rua do Ouvidor, entre o largo do mesmo nome e a Caixa d'Água. Era o depósito da então famosa cerveja da Penha.

Compunha-se de um portão, sempre aberto, e de duas portas, sempre fechadas. O portão dava acesso a um corredor que ia ter no fundo do quintal, sombreado de machucheiros. Aí havia a cocheira para os animais, que durante o dia transportavam as carrocinhas apinhadas de garrafas; um galpão onde os barris de cerveja se acamavam em duas filas, e o canil dos terras-novas, única e entranhada mania do velho cervejeiro.

As duas portas sempre trancadas eram providas de venezianas, do meio para cima, para ventilar o salão. Entrava-se para esse compartimento por uma porta rasgada a meio do corredor. Era escuro e cheirava a estopa úmida. No alto, dois lampiões belgas esfumavam ainda mais o teto, ao mesmo tempo que derramavam a sua claridade amarelenta e tranquila sobre oito mesas quadradas, toscas, rodeadas de mochos altos.

Os copos de porcelana pintada, com tampas de metal, eram enchidos fora, na torneira gotejante dos barris, e servidos por dois mocetões, que iam e vinham sem parar. A espuma branca saltava às vezes para o chão e se embebia na serragem de madeira. O proprietário ficava num quarto contíguo e de lá superintendia o movimento, pedindo que as discussões, a horas mortas, não atingissem o diapasão da gritaria, porque na parte superior do prédio residia a família.

[...]

Naquele salão esfumaçado fazia ponto a mocidade, nimbada de um pensamento luminoso, e os problemas mais conspícuos foram discutidos à luz do querosene e da pura filosofia. Literatos, jornalistas, estudantes, calouros e até alguns "futricas" respeitáveis aí se reuniam. Era um dos quartéis-generais dos "caifazes". Muitos e muitos raptos de escravos foram aí planejados. Soberbos gritos republicanos saíram daquela sala mal-iluminada, úmida...[1]

---

1 Cf.: http://www.novomilenio.inf.br/cultura/cult063l03.htm.

6. ALEHOUSES, PUBS, TAVERNAS, INNS, BEER HOUSES, BREWPUBS E BREWHOUSES, MICROPUBS, SALOONS, BEER GARDENS, CERVEJARIAS E CHOPERIAS, BARES, BOTECOS, BOTEQUINS

Procuramos explicar os diferentes locais de consumo segundo a definição válida dentro do universo das cervejas e que envolve a tradição por trás de cada um dos ambientes. As definições, entretanto, poderão muitas vezes se sobrepor ou se complementar.

As alehouses foram um dos primeiros tipos de locais ingleses onde a cerveja era produzida e também comercializada. Teriam sido criadas pelos anglo-saxões em residências privadas, onde as mulheres fabricavam suas cervejas e sinalizavam o final da fermentação para que os seus clientes pudessem então ir até as casas e consumir a bebida.

Socialmente, exerceram uma função muito importante de agregação de moradores dos vilarejos em busca de conversa, amizade ou ajuda. Representavam também a formação de uma comunidade em locais muitas vezes bastante isolados. Teria nascido ali o conceito que hoje encontramos nos famosos pubs.

A palavra "**pub**", segundo alguns autores, deriva do nome dado a um estabelecimento destinado a servir o público, uma "public house", sendo uma abreviação desse termo.

Os pubs são estabelecimentos que constituem parte integrante da cultura de países como Inglaterra, Irlanda, Canadá, Austrália e Nova Zelândia, e que teriam sido "exportados" para quase todos os países do mundo por meio da emigração anglo-saxônica.

Esses locais não vendem somente cerveja, a mais importante das bebidas, mas também uma variedade bastante grande de bebidas alcoólicas.

A maioria deles oferece opções de refeições e divertimento, como jogos de dardos, bilhar, etc., além de música ao vivo e noite de perguntas e respostas, a famosa "quiz night".

No início, alguns locais tiveram uma pequena loja de bebidas alcoólicas anexa para a venda direta ao público. Com o passar dos tempos, as lojas foram excluídas em decorrência da abertura de supermercados e de outras lojas com melhores preços e maior variedade.

O sucesso desse tradicional estabelecimento inglês está no fato de ser um local com atmosfera aconchegante e, como diria o sociólogo Oldenberg em seu livro *The Great Good Place*, os pubs são locais "pensados" para a escala humana.

Nesses locais os ambientes não são compostos por grandes salões, mas, sim, por vários pequenos ambientes interligados, o que contribui para sua atmosfera agradável.

Tavernas são, basicamente, locais que vendem bebidas alcoólicas para serem ali consumidas. Segundo o dicionário Merriam--Webster, são locais que, além de bebidas alcoólicas, oferecem a opção de quartos para dormir aos viajantes que por ali passam. Alguns autores classificam tavernas como pubs ou ainda como inns.

O mais antigo estabelecimento do gênero, na Bélgica, é o Café Vlissinghe, em Bruges, fundado em 1515, e que ainda se encontra em funcionamento. O local desempenha o papel de agregação para turistas e moradores locais, oferecendo um pouco de sossego em seu terraço ou beer garden, onde os clientes podem saborear uma cerveja descansando, conversando, comendo ou jogando petanca.[1]

Inns são locais em que viajantes em trânsito podem encontrar bebida, comida e quartos para dormir, além de servirem como referência para agregação de comunidades locais. Os viajantes, no início dos tempos dos inns, podiam ainda encontrar estábulo e suporte para os cavalos e carruagens. Na maioria dos casos europeus, esse tipo de estabelecimento encontra-se nos campos ou junto às estradas. Grande parte dos inns espalhados pela Europa datam de centenas de anos atrás e alguns autores citam o tempo dos romanos e da construção de sistemas de estradas como o período do surgimento desse tipo de local.

Podemos dizer que, de um modo geral, pela Europa, as denominações de antigos estabelecimentos que ainda encontramos em funcionamento referem-se mais ao que eles foram no passado, quando diferenças realmente existiam entre pubs, inns ou tavernas.

YE OLDE TRIP TO JERUSALEM, Nottingham, Inglaterra, declara estar funcionando desde 1189, embora não existam registros que possam comprovar a autenticidade da data pintada na fachada do estabelecimento.

É o mais famoso entre "os mais antigos" inns ingleses, ou melhor, entre todos os inns que afirmam ser o primeiro do gênero!

---

1   Modalidade de jogo desconhecida no Brasil, semelhante à bocha.

No nome **YE OLDE TRIP TO JERUSALEM**, a palavra "trip" não teria o significado de viagem, mas sim o conceito antigo de "parada durante uma jornada". Assim, o significado do nome seria "uma parada ou um repouso numa viagem a Jerusalém", que anos atrás era tradicionalmente feita por peregrinos.

Conhecido também como pub, tem sua edificação erguida contra cavernas escavadas nas rochas de arenito sob o Castelo de Nottingham. As cavernas teriam sido utilizadas como caves e também para a produção de cerveja para os ocupantes do famoso castelo.

Os mais antigos registros que foram encontrados referentes à sua construção datam de 1650, ou seja, logo após o período dominado pelo estilo Tudor (1485 – 1603), tão famoso na Inglaterra. Já os mais antigos registros de funcionamento como inn seriam mais recentes, datando de 1751 sob um nome diferente: The Pilgrim.

A construção pode ser reconhecida a distância, já que suas características arquitetônicas e construtivas são bastante particulares, principalmente se for considerada sua completa interligação com o complexo rochoso sob o castelo.

A fachada é em preto e branco, o telhado é íngreme, as janelas são quadriculadas e as chaminés são altas, seguindo algumas das características do estilo inglês Tudor.

O design de interiores é bastante simples e os móveis são basicamente de madeira escura e ferro, num estilo que pretende lembrar o interior de um castelo.

As paredes são brancas, quase que na totalidade, o que com certeza ajuda a aumentar a claridade já que a iluminação não é das melhores. Ambientes mais claros somente serão encontrados nas salas com janelas grandes ou com o teto pintado em branco brilhante.

Algumas das vigas de madeira foram pintadas de preto e outras foram mantidas na madeira escura original. Painéis de madeira foram utilizados em alguns ambientes para decorar as paredes no estilo "saia e blusa", ou seja, meia parede.

Sobre as vigas junto ao caixa, notas de dinheiro de diferentes países mostram que muitos turistas passaram por ali e deixaram sua marca.

Embora simples e com detalhes bastante rústicos, a atmosfera encontrada nas diferentes salas à disposição dos clientes é interessante, até mesmo um pouco estranha e intimista.

Algumas salas têm o teto e as paredes na própria rocha escavada, o que ajuda ainda mais na criação de uma atmosfera que faz viajar no tempo.

O beer garden, mais utilizado no verão, está localizado na parte externa na frente do prédio.

Uma "nuvem" de lendas envolve esse tradicional estabelecimento, entre elas a de uma cadeira antiga à espera de mulheres que nela se sentem para aumentar as chances de engravidar, ou a do navio de madeira empoeirado, agora protegido dentro de uma caixa de vidro, que

teria causado a morte de todos aqueles que tentaram limpá-lo. As lendas com certeza fazem parte da criação de uma atmosfera interessante e enigmática e ajudam a atrair ainda mais turistas.

Portanto, nessa atmosfera diferenciada de inn ou pub famoso, moradores locais e turistas se misturam, criando um público consumidor bastante diversificado, que pode optar por sua cerveja preferida ou ainda experimentar as três opções do dia, especialmente escolhidas para agradar os frequentadores gourmet que, assim, podem conhecer diferentes cervejas artesanais.

Principalmente na Inglaterra, a grande maioria dos estabelecimentos conhecidos como pubs, inns ou tavernas está se transformando em restaurantes gourmet associados a grandes companhias de bebida, deixando, assim, de ser locais a serviço de uma comunidade.

cozinhando com cerveja

COMIDA DE PUB:
BEER-BATTERED FISH AND CHIPS[2]
PEIXE (PASSADO NA CERVEJA E NA FARINHA) COM BATATA FRITA

INGREDIENTES
1 ½ xícara de farinha com fermento
1 ovo levemente batido
1 ½ xícara de cerveja clara gelada
Sal e pimenta a gosto
Óleo para fritar
8 filés de peixe (120 g cada)
Fatias de limão e molho tártaro para servir

PREPARO
Coloque a farinha numa tigela e adicione o ovo, mexendo até misturar bem. Despeje a cerveja lentamente até que a mistura esteja macia e ligeiramente grossa. Tempere com sal e pimenta a gosto. Cubra e coloque na geladeira por 30 minutos. Coloque óleo numa frigideira até que atinja mais ou menos 8 cm. Aqueça em fogo alto (estará na temperatura exata quando dourar em 10 segundos um pedaço de pão). Passe dois filés, um por vez, na mistura de farinha, deixando escorrer o excesso. Frite por 3 ou 4 minutos até que esteja dourado escuro e cozido.
Escorra num prato com papel-toalha. Reaqueça o óleo e frite os demais filés repetindo o processo. Sirva quente com batata frita e molho tártaro.

---
2   Cf.: http://www.taste.com.au/recipes/1960/beer+battered+fish+and+chips.

Beer house foi um tipo de estabelecimento para consumo de cerveja criado pelo "Beer Act" de 1830, que visava propagar o consumo de cerveja em vez do gin, o qual vinha prejudicando a classe trabalhadora que frequentemente se embriagava.

Qualquer residência inglesa que pagasse, além dos impostos, uma taxa única extra, poderia servir cerveja e, se também desejasse, produzir sua própria bebida para comercialização no local. Era proibida, entretanto, a venda de qualquer outro tipo de bebida alcoólica com exceção da sidra.

Para se ter uma ideia do sucesso do negócio, teriam sido abertas quatrocentas beer houses já no primeiro ano das licenças, e alguns empreendedores chegaram até a comprar a casa vizinha na esperança de aumentar os lucros.

Esses estabelecimentos, que não podiam abrir aos domingos, muitas vezes dispunham de um tonel de madeira no canto da sala para servir a cerveja em copos diretamente da torneira ou em jarras.

Com o passar do tempo, vários locais acabaram fechando, transformaram-se em pubs ou em algumas das atuais microcervejarias (*micro brewers*), que ainda existem pelo Reino Unido.

Brewpub e **brewhouses** são, segundo o dicionário *Merriam-Webster*, restaurantes que servem cerveja produzida no próprio local. Este tipo de estabelecimento vem ganhando fama na maioria dos países, e alguns locais, além de enfatizar a cerveja especial de sua produção, acabam famosos também pela qualidade da comida oferecida. Alguns autores, no entanto, classificam esses estabelecimentos simplesmente como locais que vendem cerveja produzida pelo proprietário no próprio estabelecimento, sem mencionar a parte gastronômica do negócio.

BREWHOUSE & KITCHEN, em Dorchester, Inglaterra, produz sua cerveja no local e seu espaço é composto por vários ambientes com diferentes opções de agregação. Esse pub foi pensado para impressionar quem o frequenta.

Junto à entrada, pequenas salas são ocupadas por clientes que preferem ter maior privacidade e que podem optar por mesas tradicionais ou altas, com poltronas ou bancos. Algumas delas são feitas com barris e tampo de vidro expondo diferentes grãos, outras são revestidas de couro e algumas são de madeira.

O piso da maioria dos ambientes é de madeira, coberto, em alguns locais, por tapetes orientais que ajudam a dar um caráter um pouco mais formal à atmosfera.

A área central do bar tem um balcão com iluminação LED sob a madeira do tampo, também iluminado por garrafas de cerveja penduradas no teto. Os bancos têm encosto, criando uma opção confortável de agregação para aquele que frequenta o local sozinho — ali, com certeza, o barman ajudará a fazer passar o tempo. O piso ao redor do balcão é feito por um metro de cerâmica delimitando uma área "molhada" sob os bancos e a área de serviço.

No salão dos fundos, uma lareira alta é o ponto focal, e sofás, cadeiras, poltronas, todo tipo de mesas e assentos estão à disposição. Sobre a lareira foi colocado, como exaustor, parte de um tonel de cobre, fazendo novamente referência à produção local. Há muita madeira e uma atmosfera totalmente informal rodeada por grandes janelas que mostram o beer garden.

Seu design de interiores é bastante interessante e usa a cerveja e seu processo de produção como pontos de interesse, onde armários aramados expõem sacos com grãos, dando certo ar de armazém, ao mesmo tempo em que uma lousa explica quais são os grãos que utilizam.

Outra lousa, junto aos tanques de cobre onde ocorre a produção, expõe por meio de um esquema o processo inteiro e, mais adiante, junto aos copos, outra lousa explica que "bebemos também com os olhos" e que o aroma necessita do copo certo!

A iluminação de efeito também faz referência à bebida, sendo proporcionada por garrafas e fundos de garrafa espalhados pelos ambientes.

Micropub, como a própria palavra insinua, é um pub bastante pequeno. Uma grande quantidade de estabelecimentos desse tipo foi e vem sendo aberta principalmente na Inglaterra.

Com um espaço interno reduzido, alguns locais chegam a ter somente três ou quatro mesas e não têm cozinha, oferecendo poucas opções, como uma tábua com salame, saquinhos de amendoim ou qualquer outro petisco pendurado junto aos tonéis expostos de cerveja que estão à disposição dos clientes gourmet e frequentadores assíduos do pub.

A maioria desses locais serve cervejas KM 0, ou seja, produzidas nas redondezas, e oferece aos frequentadores a possibilidade de degustar diferentes estilos de cerveja, mudando com frequência as opções oferecidas.

Essa variação é um dos fatores que mantêm uma clientela assídua, pois, como são pequenos e não servem alimentação, são locais especificamente criados para conversa e experimentação de bebidas.

THE BARREL DROP, em Nottingham, Inglaterra, está localizado numa pequena viela, e sua fachada, uma grande janela quadriculada azul, pode facilmente passar despercebida pela maioria dos pedestres que por ali transita.

Também conhecido como "tradicional bar de barril", é credenciado pela Campaign for Real Ale (Camra), uma organização independente, composta por voluntários, que faz campanha por uma cerveja Ale de qualidade produzida por pequenas cervejarias artesanais, para garantir a sobrevivência de pubs que representam uma verdadeira comunidade, bem como os direitos do consumidor. Com início das atividades em 1971

no Reino Unido, atualmente é composta por 175 mil membros espalhados pelo mundo todo.[3]

Esse pequeno pub tem como público-alvo os 4 mil membros Camra em Nottingham e oferece somente cervejas produzidas num raio de aproximadamente 32 km da porta do pub à porta da unidade produtora.

Para garantir ao público gourmet que o frequenta variedade e a oportunidade de experimentar uma cerveja diferente a cada visita, o pub troca os tipos de cerveja que oferece de duas a três vezes por semana, tendo sempre novidades a oferecer.

Como esse tipo de pub não tem enfoque gastronômico, ele só oferece como opção para acompanhar as bebidas petiscos à mostra junto aos barris de cerveja.

A quantidade de mesas é pequena e um balcão próximo à janela recebe quem chega sozinho e quer compartilhar o balcão em busca de companhia.

O "bartender", se assim pudermos chamar quem serve os consumidores, sabe tudo sobre as cervejas à disposição nos nove barris, nas quatro em embalagem tetra pak ou nas poucas garrafas na pequena geladeira, e também sobre as sidras à venda.

A atmosfera do pub é serena, as pessoas chegam, conversam baixo, experimentam cervejas e vão embora. Não há nada de muito especial na decoração e o design é funcional e eficiente, pois, como já dissemos, o enfoque é somente a cerveja artesanal.

Alguns cartazes e sinais nas paredes falam de cerveja. Livros especializados sobre a bebida, produzidos pela Camra, estão à venda. Somente um atendente dá conta de tudo, e o pub funciona tranquilamente.

Saloons. Esse tipo de espaço de consumo é muito famoso na história do Velho Oeste americano, onde desempenharam um papel de referência social, de engajamento entre diferentes pessoas, e mesmo de pertencimento a determinado grupo social, ou seja, de terceiro lugar de viajantes, soldados, moradores locais, etc. que buscavam ganhar dinheiro explorando um novo território.

É facil reconhecer um saloon em um filme ou seriado de *cowboy* americano, com sua tradicional fachada de madeira, a pequena varanda, portas vaivém e cavalos à espera de seus montadores.

A história desses saloons e bares do Velho Oeste está diretamente relacionada com a expansão e a conquista dessa região, que no início teria tido como estabelecimentos para venda e consumo de bebidas alcoólicas somente

---

3   Cf.: http://www.camra.org.uk.

poucas "cantinas" mexicanas que vendiam exclusivamente bebidas tradicionais do país.

Alguns dos primeiros saloons eram bastante diferentes dos que são mostrados nos filmes: teriam sido montados em tendas junto aos primeiros sinais de uma nova cidade; outros teriam sido improvisados junto a uma parada de trens, outros ainda erguidos em madeira, seguindo uma construção bastante simples.

O primeiro estabelecimento que realmente teria sido chamado de saloon foi o **Brown's Hole Saloon**, estabelecido em 1822 na fronteira entre Wyoming, Colorado e Utah, graças ao forte comércio de peles que se desenvolveu naquela região.

Com o passar do tempo, as características espaciais dos saloons começaram a ser mais ricas e distintas, com espaços mais amplos. Vários jogos podiam ser praticados para entreter os viajantes, e alguns locais passaram também a oferecer quartos.

COMPONENTES BÁSICOS DE UM SALOON DO VELHO OESTE AMERICANO

- O bar contra a parede era o principal e primeiro ponto focal ao se entrar no estabelecimento. Na parede estavam dispostos espelhos emoldurados por madeira trabalhada, as bebidas e os copos. No balcão também se localizava o caixa.
- O balcão de madeira, na frente do bar, era a marca registrada do estabelecimento, o local onde ficavam os clientes para pedir e beber em pé. No chão, junto ao balcão, estavam os dispositivos para "cuspe" e ainda alguns panos para que os clientes pudessem limpar os bigodes ou a boca.
- O bartender era a própria vida do saloon, pois estava ali para servir, conversar, concordar e manter os clientes consumindo.
- As cores eram quase sempre inspiradas na natureza, como as cores naturais das madeiras, azuis que lembravam céu, lagos e rios, verdes, marrons, dourados e vermelho.

Beer garden (*biergarten*) é um espaço externo, com sombra, criado pelos alemães por volta do século XVIII, e que teria surgido da necessidade que os produtores de cerveja tiveram de proteger o processo de fermentação durante os meses do verão. Foram construídas então caves (*cellars*) subterrâneas no quintal de suas propriedades, recobertas com terra e árvores plantadas para criar sombra. Surgiram assim espaços perfeitos para saborear uma cervejinha com os amigos à sombra de castanheiras.

Nos beer gardens mais antigos, jamais são utilizados guarda-sóis, cadeiras de plástico ou qualquer outro material, sendo permitidos somente os tradicionais bancos e mesas de madeira. Os atendentes são sempre conhecedores de cerveja e a alimentação servida é simples e tradicional.

Esse precioso espaço de verão é frequentemente encontrado no quintal das construções, sendo preciso ir até o fundo do estabelecimento para encontrar a porta de acesso "ao paraíso". Entretanto, diversos pubs acabaram criando um beer garden no jardim na frente ou ao lado de sua edificação principal.

Alguns estabelecimentos fazem uso da paisagem local, distribuindo mesas pelo gramado ou na terra batida de forma bastante informal; outros, buscando um público mais exigente, oferecem cadeiras e mesas bastante confortáveis dispostas num jardim articuladamente projetado.

Independentemente do design escolhido, uma coisa é certa: a atmosfera é sempre contagiante, com vários grupos de amigos conversando, rindo e aproveitando um pouco do verão.

No pub **THE GARDEN**, em Perth, Austrália, o design do beer garden apresenta algumas características bastante interessantes e contemporâneas.

O pub gira em torno da área central, ou seja, do beer garden. Por estar localizado numa área com escritórios, restaurantes, cafés e lojas alternativas, seu público, como o da região, acaba sendo formado por jovens profissionais.

Dois telões pelo jardim – parte fundamental na estrutura do design dos pubs australianos – mostram ao vivo jogos de rúgbi, críquete, futebol ou futebol australiano.

O projeto criou três áreas distintas e amplas: uma fechada por grandes vidros que integram o exterior ao espaço interno; uma área suspensa para os dias de calor; e um beer garden amplo, que é, com certeza, a parte mais agradável do projeto.

A arquitetura é bastante interessante e acabou por criar diferentes opções de agregação que são interligadas por jardineiras, jardins e espelho d'água.

Os materiais utilizados foram concreto, metal, tijolos, cerâmicas e ladrilhos hidráulicos, criando uma atmosfera que mistura ícones do estilo *hightech* (estruturas aparentes, metal, elementos de fábricas, etc.) com outros elementos que "confundem" um pouco o visual final, o qual exibe um estilo muito particular.

O concreto está presente nos tampos do bar e das mesas, no piso, em determinadas paredes, nos bancos e em alguns tijolos "furados" que decoram algumas paredes. A utilização do concreto em grandes áreas está certamente ligada ao fato de o concreto ter massa térmica, ou seja, ajuda, no inverno, absorvendo o calor do sol durante o dia para eliminá-lo mais tarde, quando a temperatura do ar diminuir. Esse princípio pertence ao design passivo, de projetos com baixo consumo energético, largamente aplicado no país.[4]

O metal foi usado na forma de aramado na escada externa e no peitoril da área elevada. As estruturas aparentes que compõem a área fechada do pub e o beer garden foram construídas em ferro aparente. Uma estrutura para fechar o bar externo, utilizando um tipo de amortecedor para facilitar os movimentos, foi criada com metal e vidro.

Ladrilhos hidráulicos, azulejos e pastilhas foram aplicados em diferentes paredes e pilares para criar pontos de interesse na composição. O concreto utilizado para fazer a meia parede do bar externo recebeu forma trabalhada, criando uma textura exclusiva para o projeto.

Ainda no bar externo, blocos são compostos com fundos de garrafas em um arranjo também exclusivo.

A iluminação é feita por lâmpadas pendentes de LED em filamento, o que dá certo "toque" retrô, e, na parte interna, lustres industriais metálicos pendentes são ponto de interesse e destaque.

O paisagismo foi cuidadosamente planejado e é parte complementar da atmosfera criada. Árvores perenes, que também fazem parte dos elementos do design passivo, servem de proteção no verão e se transformam em esculturas no inverno quando perdem todas as folhas.

Um espelho d'água ajuda no verão seco de Perth, acrescentando um pouco de umidade no ar, assim como charme e sofisticação.

Cervejarias e choperias. O nome "cervejaria" pode gerar um pouco de confusão, pois pode se referir ao local onde se produz a cerveja ou ao local onde ela é consumida. Nesse caso, estamos nos referindo aos locais

---

4   Cf.: Miriam Gurgel, *Design passivo: baixo consumo energético, guia para conhecer, entender e aplicar os conceitos do design passivo em residências* (São Paulo: Editora Senac São Paulo, 2012).

de consumo, que são bastante conhecidos e bastante espalhados pelo Brasil.

Numa versão mais conhecida, encontramos estabelecimentos com amplos espaços abertos, sem muitas subdivisões de salas, basicamente informais, onde se consome a bebida sempre acompanhada por petiscos, pratos diversos, churrasco ou ainda serviço de buffet.

Numa outra versão, esses locais são associados à diversão e ao entretenimento, tendendo a funcionar com maior frequência no período noturno e fazer parte de restaurantes, bares, nightclubs, discotecas ou casas de shows.

Uma das mais tradicionais choperias paulistas, conhecidas pela excepcional qualidade do chope servido, é certamente a **Choperia do Pinguim**, em Ribeirão Preto, conhecida como a cidade do chope.

Foi inaugurada em 1937 e ainda se encontra em funcionamento no mesmo pavimento térreo de uma das mais famosas construções da cidade. O edifício Diederichsen foi a primeira construção com mais de cinco andares do interior paulista, o primeiro exemplar de edifício art déco de Ribeirão Preto, o primeiro exemplo de edifício com múltiplo uso e a primeira grande estrutura em concreto armado erguida no interior paulista.[5]

_____
5   Cf.: www.baraodemaua.br/comunicacao/publicacoes/ anais_historia/pdf/anais2014/araujo_rosa_edificio_ diederichsen_anais2014.pdf.

Já a **Cervejaria Munique**, no Shopping Center Norte, em São Paulo, é conhecida como a primeira cervejaria a instalar-se dentro de um shopping center. Inaugurada em 1984, teria começado uma tendência, uma moda seguida por vários outros empreendedores do ramo até hoje.

Bares, botecos e botequins. Quando imaginamos uma cerveja com amigos, quase sempre pensamos num bar, boteco ou botequim. Podemos considerar esses locais como instituições nacionais, pois pertencem ao nosso inconsciente coletivo, ao nosso mundo social, ao nosso modo de ser, à nossa cultura.

As mesas e cadeiras simples de madeira ou de metal, os petiscos ou pratos tradicionais, a música ao vivo ou o som ambiente podem ajudar na atmosfera.

Os ambientes são, na maioria, simples, permitindo que ali cada um vá como quiser, como se sentir bem, pois o que interessa é a cervejinha ou o chope e principalmente jogar conversa fora.

Felizmente, a grande maioria desses estabelecimentos é o que é, não se submetendo a modismos ou tendências que passam com o tempo, sendo essa uma das razões que fizeram esses locais serem amados e frequentados por fiéis consumidores.

Outro motivo que deu e ainda dá fama a esses estabelecimentos é o fato de serem frequentados por boêmios em busca de mais uma bebida, um petisco e uma conversa de fim de noite.

Muita MPB e muito samba nasceram nas mesas de botecos e botequins...

A cidade de Belo Horizonte, Minas Gerais, foi declarada "Capital Mundial dos Botecos", em lei sancionada no dia 24 de junho de 2009, pelo Sr. Prefeito Márcio Lacerda:

Poder Executivo

Secretaria Municipal de Governo
LEI Nº 9.714 DE 24 DE JUNHO DE 2009
Declara o Município de Belo Horizonte Capital Mundial dos Botecos e dá outras providências.
O Povo do Município de Belo Horizonte, por seus representantes, decreta e eu sanciono a seguinte Lei:
Art. 1º - Fica o Município de Belo Horizonte declarado Capital Mundial dos Botecos.
Parágrafo único - Para os fins desta Lei, entendem-se como botecos os bares, restaurantes e assemelhados.
[...][6]

Algumas definições interessantes para bar, boteco e botequim são abordadas no trabalho de Andréia Lemos Silva:[7]

Os leitores que moram fora do Brasil não entenderão o que seja botequim, então, aqui explico: botequim ou boteco é um bar popular. Guardadas as devidas proporções, podemos dizer que seja um pub inglês, sendo que à moda Brasil. [...] há lugares maravilhosos, onde famílias ou amigos se reúnem para passar horas agradáveis, batendo papo, falando de nada ou, dependendo do teor alcoólico, sobre política e coisas mais sérias... Daí a célebre expressão: conversa de botequim. Se o cara está inspirado, saem até grandes pensamentos e "obras primas" do universo brasileiro – dizemos que é a filosofia de botequim. E existe a variante "psicologia de botequim", quando ouve-se (sic) conselhos e ameniza-se mágoas, embaladas por companheiros embriagados. Foi dos botequins que saíram letras de importantes compositores da MPB, ou roteiros inteiros de peças teatrais – Vinícius de Moraes, Tom Jobim e Noel Rosa que o digam. (Leila Marinho Lage, Nos botecos da vida, em Clube da Menô, 2007, disponível em http://www.clubedameno.recantodasletras.com.br/visualizar.php?idt=675926.)

---

6   *Diário Oficial do Município*, ano XV, N. 3366, 25 de junho de 2009. Disponível em http://portal6.pbh.gov.br/dom/iniciaEdicao.do?method=DetalheArtigo&pk=999126.

7   Cf. Andréia Lemos Silva, *Bar, boteco, botequim: individualização e identidade do sujeito brasileiro*, s/d. Disponível em http://www.ucb.br/sites/100/165/TrabalhodeConclusaodeCurso/Barbotecobotequim.pdf.

Ou, como ainda abordado por Andréia Lemos Silva:

O boteco é um lugar sem sobrenome, mas com muita história. Onde não há cor, porque é colorido por natureza. Onde não existe nacionalidade, mas todos falam a mesma língua. Onde não tem preconceito, religião ou profissão. Onde todos falam de tudo e de todos. O boteco é um lugar onde se faz amizades e se paquera. O boteco é cultura e cumplicidade. (Roberto José de Oliveira, Zé Manguaça, em entrevista à Revista Metrópole, Campinas, São Paulo, s/d.)

O que começou como empório dos pais do Luiz Fernandes, na década de 1940, passou para bar na década de 1970, evoluiu e se transformou no **BAR DO LUIZ FERNANDES**, famoso por seus tradicionais bolinhos de carne, pela atmosfera alegre, o ambiente agradável e a tradição de uma só família. O bar ficou tão famoso que em 1992 acabaram abrindo também uma cervejaria em outro endereço.

Os ambientes do bar, embora bastante amplos, têm características de boteco, com suas mesas de metal, banquinhos, azulejo branco, decoração nas paredes; e estão sempre lotados nos finais de semana.

A diversidade de tipos de mesas mostra atenção no design de interiores e uma característica de boteco contemporâneo, com detalhes como a grande mesa de mármore, o pé-direito alto e o teto todo em madeira. Os ventiladores de teto "vintage" são outro detalhe que faz lembrar também as antigas padarias.

Como afirmam no site, "Cerveja gelada é lei por aqui".

cozinhando com cerveja

RECEITA DE BAR:
BOLINHO DE CARNE, ESPECIALIDADE DO BAR DO LUIZ FERNANDES
(RECEITA GENTILMENTE CEDIDA PELA CHEF CATARINA)

INGREDIENTES

800 g de pães amanhecidos
1 kg de acém moído
4 dentes de alho
½ xícara de cebola
½ xícara de salsa
½ xícara de cebolinha verde
½ xícara de alho-poró
1 colher de chá de orégano
1 colher de chá de manjericão
1 colher de café de noz-moscada
2 pimentas dedo-de-moça
1 colher de café de pimenta calabresa
½ colher de café de pimenta-do-reino preta
Óleo quente para fritar

PREPARO

Em um recipiente com água, coloque os pães amanhecidos, deixe imersos por 40 minutos. Retire o excesso de água apertando os pães um a um.
Em outro recipiente, coloque a carne moída, os pães e acrescente todos os temperos. Misture bem até ficar homogêneo.
Com a massa assim formada, molde os bolinhos usando a palma das mãos e frite-os em óleo quente.

Uma boa sugestão para acompanhar o bolinho de carne, além do limão, é um bom vinagrete.

7. A CULTURA DA CERVEJA E OS TERCEIROS LUGARES

A escolha de uma bebida pode também ser uma afirmação de afiliação, uma declaração de pertencimento a um determinado grupo, geração, classe social, "tribo", subcultura ou nação, com seus valores particulares, atitudes e crenças. (Social Issues Research Centre – SIRC, *Social and Cultural Aspects of Drinking*[1])

Como vimos, a produção e o consumo da cerveja datam de muito tempo atrás. Pesquisas apontam datas como 7000 ou 5500 a.C., e desde então cada povo desenvolveu — e ainda vem desenvolvendo — maneiras particulares de apreciar essa bebida, que acabou sendo relacionada a comemorações, eventos informais, agregação de amigos e a determinados locais de consumo.

No Brasil, como na grande maioria dos países, o ato de beber uma cerveja costuma estar associado a compartilhar, socializar, a estar junto de outras pessoas, chegando a ser uma "desculpa" para encontrar os amigos e bater um papo.

Pequenos bares, botecos e pubs, por exemplo, são locais certeiros para tomar uma cervejinha e encontrar alguém para conversar num momento de solidão.

A cultura dos **terceiros lugares**, descrita pelo sociólogo urbano americano Ray Oldenburg, em seu livro de 1997, *The Great Place*, analisa a necessidade que as pessoas têm de estabelecer três tipos de lugares diferentes em suas vidas para se sentirem completas.

A casa é o local das relações interpessoais mais privadas, mais pessoais.

O local de trabalho é onde nos relacionamos de modo mais produtivo e onde, de certo modo, passamos a maior parte de nossas vidas.

O mais importante desses locais para os nossos relacionamentos interpessoais é o nosso **terceiro lugar**, onde nos sentimos parte de uma comunidade, de um grupo de pessoas, sem que ocorra nenhum tipo de questionamento. Esse local varia de pessoa para pessoa, podendo ser, por exemplo, cafeterias, academias de ginástica, clubes ou cervejarias, entre tantos outros.

---

1 Cf.: http://www.sirc.org/publik/drinking6.html.

Nesse local, que cada um de nós elege, podemos dizer que somos "nivelados" aos demais frequentadores, independentemente de nossa origem, língua, raça ou nível econômico.

Assim, naquela cervejaria, naquele bar ou pub, fazemos parte de uma comunidade de pessoas que gostam de cerveja, pertencemos a um grupo e não estamos mais sozinhos.

Os **terceiros lugares** são, portanto, locais onde nos relacionamos de forma mais criativa, descompromissada, sem culpa e sem medo de discordâncias, erros ou julgamento. Buscamos, ali, uma qualidade de vida melhor, mais saudável, mais compensadora, pois certamente não será uma experiência de solidão ou isolamento social. É o local onde vivenciamos nosso momento na relação com uma comunidade.

Para o sociólogo Ray Oldenburg, a vida em comunidade ajuda as pessoas a sentirem que não estão sozinhas e, assim, elas têm menor chance de sofrer de depressão, tão comum nos dias de hoje numa sociedade em que ninguém tem tempo para nada, muito menos "para o outro".

Os pubs ingleses são um excelente exemplo de locais importantes na vida das pessoas, pois representavam, e ainda representam, pontos de convívio de comunidades de vilarejos afastados, oferecendo não somente bebida mas também divertimento.

Segundo Oldenburg, esses locais estão enraizados na cultura inglesa pela sua importância no estabelecimento do **"sentido de comunidade"** — tanto é que sobrevivem até hoje apesar de outros tipos de locais ou distritos noturnos que surgiram pelas cidades. Para se ter uma ideia, o sociólogo afirma que ¾ das cervejas servidas na Inglaterra são servidas em pubs, e chegariam a ser mais de 74 mil.

Cada inglês teria um pub que chamaria "de seu", e cada local seria conhecido como sendo o "local de alguém".

O Brasil é enorme, com características diferenciadas, dependendo da região. Assim, essas diferenças também serão sentidas na forma e no modo como se aprecia um chope ou uma cerveja.

Em nossas praias, por exemplo, as cervejarias, os botecos e os bares ficam repletos nos finais das tardes, e o barulho das conversas e o tilintar dos copos acabam se misturando com o som de nosso samba ou da bossa nova que soa ao violão.

Com certeza esse seria o terceiro lugar favorito de quem gosta de informalidade, de alegria, e quer se divertir. Nossa cultura, nossa alegria e/ou nossa musicalidade com certeza se refletem no local que escolhemos como nosso terceiro lugar.

Cada terceiro lugar atende, portanto, a um tipo de consumidor. Como somos todos diferentes, assim também serão os espaços para o consumo de cerveja espalhados pelas cidades ou bairros. Cada um procurará atender às necessidades pessoais diferenciadas.

As razões pelas quais vamos a um desses locais podem variar bastante, como encontrar os amigos, assistir a diferentes shows — como é o caso do tradicional **BAR BRAHMA**, em São Paulo —, assistir a um jogo ou simplesmente estar num ambiente agradável por algumas horas.

Seja qual for a razão, arquitetos e designers serão os profissionais responsáveis por criar atmosferas diferenciadas para atender às necessidades desses clientes que buscam estabelecimentos onde se sintam bem e confortáveis.

Como afirma o centro de pesquisa SIRC, do Reino Unido:

> *O consumo ou a rejeição de uma bebida nacional, local ou ainda tradicional é frequentemente uma questão emotiva, particularmente em locais que estão passando por mudanças culturais significativas ou revoltas, onde as "novas" bebidas são associadas com valores e estilo de vida modernos.* (Social Issues Research Centre – *SIRC, Social and Cultural Aspects of Drinking*, cit.)

Com a nova tendência que vem se espalhando rapidamente pelo mundo, que é a de se "apreciar", "degustar" ou mesmo "harmonizar" uma cerveja, certas mudanças estão acontecendo também nos locais onde é servida a bebida para esse novo tipo de consumidor. Assim, estão surgindo locais onde beber uma cerveja será uma "experiência".

Uma nova gama de produtos e tipos de cervejas, para um público cada vez maior, mais especializado, mais exigente, ou seja, que busca tornar-se mais "entendido" no assunto, está fazendo com que novas propostas de projetos de arquitetura e de interiores sejam criadas e se multipliquem pelo mundo.

Visitando diversos países e estabelecimentos de consumo de cerveja para escrever este livro, ficou claro que essa tendência de "degustar, experimentar e harmonizar" está realmente crescendo, mas que os locais tradicionais que servem cerveja, como bares, botecos "pé na areia" e os tradicionais pubs ingleses, por exemplo, têm e sempre terão um lugar fixo e insubstituível como terceiro lugar de muitos consumidores, porque, mais do que qualquer coisa, estão fortemente enraizados na cultura da população local.

ALGUNS RITUAIS DE CONSUMO

Diferenças culturais fazem com que o modo de beber de cada povo apresente circunstâncias particulares até no que concerne à forma de agregação das pessoas. Diferentes matérias jornalísticas e guias turísticos, por exemplo, advertem que, numa cervejaria, os americanos preferem aguardar uma mesa onde possam se sentar sozinhos com seus amigos, enquanto os alemães, contrariamente, preferem sentar-se em qualquer mesa que esteja disponível e, quem sabe, fazer novos amigos.

No Brasil, podemos dizer que a atmosfera do local influencia, e muito, o comportamento e a "vontade" de compartilhar uma mesa. Nas áreas de refeição de grandes shoppings, por exemplo, pode ser mais fácil alguém compartilhar uma mesa na hora do almoço do que num barzinho.

Existem situações especiais, como as confraternizações, por exemplo, em que beber com os amigos é a coisa certa a ser feita. Mudanças significativas em nossas vidas – como um novo emprego, uma formatura, uma mudança de cidade, de estado civil ou qualquer outra situação em que estamos deixando um modo de vida por outro – são, na maioria das culturas, momentos especiais que devem ser celebrados bebendo com os amigos. Nessas ocasiões, os pubs e bares ficam cheios, e a cerveja é servida e apreciada em homenagem a alguém.

Outros tipos de rituais são específicos e também ligados às características culturais de cada povo. Alguns teriam se desenvolvido anos atrás; outros surgiram com o passar do tempo, sobrevivendo até os dias de hoje.

Um ritual que, segundo diferentes autores, teria sido criado pelos legendários Cavaleiros da "democrática" Távola Redonda do Rei Arthur, e que é seguido até hoje por ingleses e australianos, é o ritual da rodada, chamada também de "**shouts**" (gritos) pelos australianos. Amigos se reúnem para beber, formando um grupo, e cada membro deve pagar uma rodada do tipo de bebida favorita de cada participante. Uma vez iniciada, ninguém pode deixar o grupo ou "passar" uma rodada sem beber, pois isso seria visto como uma tentativa de "levar vantagem" ou de "favorecer" um amigo. Uma vez que cada um tenha pago uma rodada, aí, sim, quem quiser deixar a brincadeira pode sair, e quem estava fora e quiser participar, já pode entrar! Esse ritual, infelizmente, estimula o consumo de bebida alcoólica, já que ninguém pode parar de beber até o final das rodadas.

No tempo dos vikings, por exemplo, dizem que se alguém fizesse um brinde sem olhar nos olhos das pessoas que brindam, teria tido uma espada cravada no estômago. O ritual de **olhar**

nos olhos foi mantido até hoje na **Suécia**, e embora as pessoas que não olham nos olhos das outras enquanto brindam não morram por causa disso, ainda são consideradas desrespeitosas para com as pessoas do grupo.

No **Japão** e na **Coreia**, nem pense em servir seu próprio copo, pois uma pessoa do grupo por vez é quem deverá servir cerveja no copo de todos do grupo. Se não for sua vez, você deverá esperar! A rodada termina quando todos tiverem servido todos. A diferença entre o ritual dos dois países é que, na Coreia, os copos são servidos seguindo uma determinada hierarquia de idade e nível socioeconômico.

Um ritual que pode parecer "sem nexo", para algumas pessoas, é o "**pub crawl**", famoso no **Reino Unido** e em alguns países da **Europa**, nos **Estados Unidos**, na **Islândia**, na **Austrália**, etc. E já chegou ao **Brasil**. Esse ritual consiste em beber, num mesmo dia ou noite, em diferentes pubs ou bares de uma cidade, buscando fazer amigos, conhecer lugares novos, festejar um casamento, simplesmente beber pela cidade ou, infelizmente para alguns, apenas ficar bêbado.

Como vimos, cada cultura tem sua forma particular de beber com amigos, e cada uma delas deve ser respeitada e seguida pelas pessoas que saem para beber, sozinhas ou em grupo. Com a globalização, os modismos tendem a entrar e invadir as diferentes culturas, mas aspectos sociais enraizados nos povos levam com certeza muito mais tempo para serem alterados, e não sucumbem imediatamente a modismos e tendências.

Portanto, os projetos arquitetônicos e de design de interiores devem estar atentos aos fortes princípios enraizados em cada uma das diferentes culturas que existem pelo mundo, criando espaços que, quando necessário, favoreçam a prática de diferentes rituais ou costumes particulares de cada povo.
A cerveja poderá ser universal, mas a forma de beber com amigos jamais será igual em todos os lugares.

8. OS TERCEIROS LUGARES PELO MUNDO

Neste capítulo procuramos abordar a cerveja e a cultura de alguns países, ou seja, fatos e características que possam esclarecer diferenças na forma como os bares, pubs e seus frequentadores vendem, bebem ou se relacionam com o produto.

Os países aqui tratados apresentam diferentes climas, costumes, necessidades ergonômicas, etc., e essas características ajudam a definir propostas de arquitetura e de design de interiores que são, muitas vezes, soluções bastante particulares.

Os locais de consumo que vamos mostrar seguem o conceito de todos os exemplos do livro: eles podem não ser os mais famosos, mas apresentam características interessantes quanto ao projeto, à sua história, ou a algum fator relevante que fez com que estivessem presentes nesta obra.

Infelizmente, a globalização acaba por neutralizar características culturais importantes na diferenciação das propostas segundo cada cultura. Muitas vezes, o que encontramos são soluções impessoais que, de certa forma, poderiam ser construídas "em qualquer lugar do mundo", pois não refletem nada em particular senão um design de moda universal.

Não muito tempo atrás, o consumo de cervejas pelo mundo ainda apresentava características culturais bastante fortes, e a globalização e a internet não haviam "misturado as coisas", mostrando a todo o mundo o que está sendo criado ou qual o novo modismo que está surgindo, neste exato momento, do outro lado do mundo.

Uma coisa, no entanto, parece ser comum aonde quer que a gente vá: as pessoas estão consumindo muita bebida alcoólica, e o "binge drinking" (consumo excessivo de álcool), principalmente por uma população jovem, é preocupação em quase todos os países do mundo.

ALEMANHA

Quando se pensa em cerveja, a Alemanha certamente é o primeiro país que vem à nossa mente. Sabe-se que os alemães adoram cerveja e que são famosos pela maior festa relativa à bebida, a Oktoberfest, que é copiada em diferentes países do mundo e explorada por quase todas as cidades alemãs. Assim que o verão começa, os pubs e tavernas invadem as ruas, que ficam repletas de mesas e guarda-sóis.

Para a maioria dos alemães, a cerveja não é uma bebida, e sim um tipo de alimento que chega a custar menos do que muitas marcas de água mineral. No país, beber durante o dia é aceito naturalmente.

A Alemanha é um país com tradição em cerveja, não somente no consumo do produto, mas principalmente na produção.

O consumo da bebida vem aumentando consideravelmente e deixando de ser exclusivo de restaurantes, pubs, tavernas ou residências. O hábito vem mudando e agora se podem ver jovens com garrafas de cerveja em parques, transportes e locais públicos.

Segundo a emissora internacional alemã Deutsche Welle (DW), são grandes os problemas causados pela falta de conhecimento relativo aos danos, não somente de saúde mas também sociais, causados pelo excesso de bebida num

país onde a idade mínima para o consumo de cerveja é de apenas 16 anos.[1]

A **SCHLENKERLA (SMOKED BEER BREWERY**), cujo nome oficial é Heller-Bräu, fundada em 1678, é famosa pela produção da

---

1 Cf.: http://www.dw.com/en/the-highs-and-lows-of-germanys-drinking-culture/a-2226609.

"Smokebeer" Aecht, cerveja defumada que é especialidade da cidade de Bamberg e servida diretamente dos barris de madeira, ou pode ser comprada em garrafas para consumo em casa.

O estabelecimento é formado por três ambientes diferentes. A "Klause", ou seja, a capela, de 1310, foi incorporada à cervejaria em 1926. Parte de um antigo monastério dominicano, possui um ambiente bastante formal, com o teto em arcos decorados com uma pintura neogótica do século XV. Em 2007, foi inaugurado o beer garden (*biergarten*) junto ao prédio do antigo monastério, e que hoje fica repleto de consumidores nos dias mais quentes.

Outra edificação incorporada à cervejaria foi um antigo inn, que dataria de 1405. Os ambientes criados em suas diferentes salas têm o teto baixo com vigas de madeira escuras. Essa cor teria sido obtida graças à pintura com sangue de boi, que era usado para proteger as madeiras.

A taverna tem uma característica bastante democrática, que é norma da casa, servindo clientes de grupos sociais diversos desde os primeiros tempos de existência. Ali é possível se sentir pertencente a um grupo de consumidores que se veste diversamente, ou seja, do mais formal ao mais esportivo, com pessoas de diferentes grupos sociais e que estão em estágios de vida diferenciados. O que eles teriam em comum seria gostar de saborear do mesmo modo a mesma bebida, num espaço tradicional, com detalhes arquitetônicos bastante interessantes e um design de interiores que faz voltar no tempo.

119

AUSTRÁLIA

A introdução da bebida no país teria acontecido em seu período colonial — mais precisamente, em 1768, quando a Austrália foi descoberta pelo capitão Cook —, e desde então os australianos passaram a ser grandes bebedores de cerveja.

Segundo o site www.australianbeers.com, o capitão teria trazido uma enorme quantidade de cerveja para ser consumida no navio que acabaria por chegar à costa oeste do continente. A reserva, que deveria ser consumida somente quando a água para beber começasse a cheirar mal, não teria durado mais que um mês.

Entretanto, o rum foi a bebida mais famosa e mais consumida no continente por vários anos. A população se embriagava muito e o vício crescia cada vez mais. Foi somente em 1802 que o governo teria feito uma manobra para incentivar a produção e o consumo da cerveja, que era "menos danosa" à saúde. O governo teve sucesso em meados do século XIX, com a cerveja passando a ser a bebida favorita dos australianos.

Como o país foi uma colônia inglesa, os pubs estão por toda parte e são os locais preferidos para o happy hour e o divertimento noturno. Com traços de pub inglês, irlandês ou com características bastante modernas, são inúmeros os estilos, atmosferas e designs espalhados pelas diferentes cidades.

A princípio, podemos nos surpreender ao entrar, por exemplo, num sábado ou domingo à tarde em um pub: ali poderemos encontrar famílias completas, com bebês em carrinhos, crianças correndo por toda parte; ou, ainda, se entrarmos em uma brewhouse, com uma área totalmente dedicada às crianças. Pode ser um susto, mas existem certas regras e as crianças não podem chegar perto dos balcões onde se paga ou onde são feitos os pedidos de bebida.

Os australianos não gostam de beber sozinhos, e qualquer motivo pode ser uma desculpa para beber uma cerveja, sem importar a hora. A principal característica do modo de beber do país são as rodadas ou "shouts" (ver p. 113).

A juventude australiana é famosa por praticar *binge drinking*, ou seja, por beber até se embriagar, e essa particularidade vem causando enormes problemas de saúde e de comportamento social, com brigas e danos pelas ruas próximas a estabelecimentos noturnos. Alguns estados estão introduzindo leis bastante severas contra esse comportamento, proibindo a venda de bebida alcoólica em todos os estabelecimentos após um horário preestabelecido, mesmo nos finais de semana, o que vem se mostrando altamente eficaz.

A cultura do esporte é também muito forte na sociedade australiana e, como não poderia deixar de ser, quase a totalidade dos locais que servem cerveja possui televisores ou telões mostrando futebol australiano, críquete, rúgbi, tênis ou qualquer outro evento esportivo importante.

Mesmo durante a semana podemos encontrar pubs que oferecem opções de divertimento noturno, como música ao vivo, karaokê, etc. Alguns locais mais "extravagantes" poderão oferecer um final de tarde com garotas semi-topless atrás do balcão do bar, numa atmosfera completamente tranquila e sem problemas.

Às sextas-feiras, no horário do happy hour, pubs e bares estão cheios de pessoas conversando, descontraindo e fechando uma semana de trabalho. Mas, assim como chegaram, essas pessoas desaparecerão rapidamente, dando lugar aos tradicionais frequentadores noturnos. Nos finais de semana, buscando atrair e manter um público ainda maior, as opções de divertimento são consequentemente ainda mais atrativas.

Toda essa liberdade e convivência que a sociedade mantém na relação com a cerveja, associada aos serviços oferecidos aos consumidores, faz com que os pubs se transformem cada vez mais em locais de agregação, ou seja, em terceiros lugares não só de pessoas solitárias, mas também de todos os membros de uma família.

A microcervejaria **CHEEKY MONKEY**, em Margaret River, Austrália, está situada numa região onde o inverno é frio e chuvoso, o verão é intenso e bastante seco, com risco de incêndios. Utilizando esses dados, foram aplicados princípios do design passivo no seu projeto de arquitetura e design de interiores.

Os materiais escolhidos são poucos e eficientes, tanto visualmente como do ponto de vista ambiental. O piso de concreto, os balcões de tijolos e a madeira nas prateleiras compõem uma atmosfera de contraste não somente nas

121

cores e texturas mas também nos detalhes e nas estruturas aparentes.

A aparência de *shed*, ou seja, de galpão, mostra o isolamento térmico utilizado no telhado e a estrutura do ar-condicionado. Por fora, podem-se ver as placas fotovoltaicas no telhado.

As grandes janelas envidraçadas foram recuadas para a proteção contra o sol intenso do verão, e o ângulo de insolação do inverno permite a entrada do sol.

A cervejaria tem cinco ambientes diferentes: cervejaria, café, loja, beer garden e lareira, com diferentes opções de mesas, cadeiras e soluções de agrupamento para atender a vários tipos de clientes.

A produção com os tonéis metálicos à vista pode ser visitada e está ligada diretamente ao bar.

Os espaços são aparentemente simples, mas quanto mais se observam os detalhes, mais se pode sentir a presença do design por todos os cantos do projeto. As luminárias foram especialmente criadas para a cervejaria; encostos de madeira particulares foram projetados no salão do café, e o contraste entre texturas, formas e cores também está por toda parte.

O *branding*, ou a força da marca, está presente de maneira bastante criativa, pois o Cheeky Monkey aparece nas paredes, no freezer, nas garrafas, nos porta-copos, nas camisetas, nos bonés e no cardápio — ou seja, foi muito bem desenvolvido e aplicado nesse projeto.

BÉLGICA

A cerveja está presente na cultura belga como o vinho está na francesa. Essa afirmação também é válida para os alemães, mas os belgas, embora não sejam os maiores consumidores da bebida, têm uma qualidade e uma diversidade em suas cervejas que são conhecidas mundialmente, fazendo do país um dos grandes exportadores do produto, chegando a exportar mais de 60% de sua produção.

Aos 16 anos já se pode consumir cerveja, e dizem que as crianças belgas crescem com uma cerveja fraca (2%) de mesa, aprendendo desde cedo a conhecer e a gostar do produto.

A venda da bebida em todas as suas variedades não está restrita somente às lojas especializadas, podendo ser encontradas em bares, cafés, supermercados e até mesmo em máquinas de venda automática.

Os cafés são os locais aonde os belgas vão para fazer amigos, jogar conversa fora no balcão, tomar decisões e beber cerveja.

Nesses locais de consumo, o barman espera a saída do último cliente para encerrar suas atividades; afinal, o café local, o terceiro lugar de cada cliente que ali frequenta, não pode fechar as portas antes que o último cliente decida ir embora.

Os cafés também seriam vistos como uma extensão da sala de visitas, um terceiro lugar ideal, já que as residências não são muito grandes para receber amigos. Com a proibição do cigarro e uma política mais severa quanto a beber e dirigir (*drunk-driving*), no entanto, a população estaria começando a beber mais em casa e, consequentemente, começando a experimentar e a saborear novos tipos de cervejas.

A grande variedade de cervejas artesanais fez com que a cultura da cerveja na Bélgica acabasse por se associar a uma cozinha gourmet, que não só procura a melhor cerveja para harmonizar com cada tipo diferenciado de prato (*beer paring*) mas também usa a cerveja para criar novas receitas.

O INTERNACIONAL BEER CAFE LETRAPPISTE, inaugurado em 2013, é um dos mais interessantes espaços mencionados neste livro. Localizado em Brugges, possui uma arquitetura e uma atmosfera absolutamente incríveis.

Mais de cem tipos especiais de cerveja, além de algumas artesanais, escolhidas pelo proprietário, são servidas no espaço criado dentro de uma adega do século XIII, com seus arcos abobadados em tijolos aparentes.

A porta de entrada não atrai, mostra somente uma escada que leva à adega com mais de 800 anos. A surpresa é quando se desce a escada e se entra no espaço com todas as suas superfícies, paredes e teto em tijolos aparentes, com a base dos pilares de sustentação em pedra. O piso de lajota completa a estrutura rústica da arquitetura de interiores perfeitamente restaurada.

O balcão do bar está sempre cheio, sendo o local ideal para experimentar diferentes tipos de cerveja ao mesmo tempo em que se pode receber toda a informação necessária sobre cada tipo de cerveja escolhido para a degustação.

Bandeiras belgas, copos e *chandeliers* (lustres pendurados no teto com várias lâmpadas) preenchem o teto sobre o balcão. Salames pendurados e amendoins ajudam na decoração do bar, que tem como um dos centros de interesse a torneira para cerveja, decorada com um dragão em bronze com olhos luminosos.

Os candelabros sobre algumas mesas dão um ar sofisticado e acrescentam bastante charme ao ambiente rústico. Televisores espalhados pelo pub transmitem canais de esporte, e as paredes receberam vários pôsteres relativos às cervejas oferecidas pela casa.

O mobiliário é simples, com mesas e cadeiras em madeira; algumas mesas são mais altas, feitas de tonéis de cerveja. A escolha por enfatizar a arquitetura de interiores, bem como o mobiliário é perfeita, pois o espaço em si já é um forte elemento decorativo.

BRASIL

O Brasil é enorme! Graças à sua vasta diversidade, vamos encontrar, com certeza, modos e maneiras particulares de tomar um chope ou uma cerveja pelos diferentes estados ou cidades. Mas sabemos, também, que gostamos da combinação de música e cerveja, que preferimos tomar cerveja ou chope fora de casa com amigos a fazer isso em casa, e que ir até um bar tomar cerveja e ouvir música até tarde da noite também está em nosso sangue.

Afinal, carnaval, futebol e cerveja (ou chope) fazem parte da cultura brasileira.

No período colonial, teriam surgido os cafés e confeitarias seguindo o estilo parisiense, com mesinhas na calçada onde se consumia cerveja ou vinho, copiando os modelos europeus. Seria o surgimento de nossas mesas na calçada tão comuns no Brasil.

Esses estabelecimentos com design e atmosfera altamente sofisticados eram frequentados pela população de alta renda, pela burguesia na época da *belle époque* carioca. A parte menos favorecida da população consumia sua bebida, na maioria das vezes, em pé, nos balcões de "casas de secos e molhados", ou em bares e botequins espalhados pela cidade.

Os bares mais tradicionais, principalmente os cariocas e aqueles próximos a teatros e cinemas, estariam desde sua abertura associados à boemia, composta por poetas, escritores, atores, músicos e intelectuais.

Um dos mais difundidos terceiros lugares e que está espalhado pelo Brasil afora é o tradicional bar próximo às universidades, onde estudantes se agregam antes ou depois das aulas num ambiente mais relaxante, sem a pressão do estudo, e onde é fácil fazer amizades.

Na sua grande maioria, são bares simples, mas de certa forma especiais. Ali todos são iguais, independentemente do curso que estejam frequentando. Esses locais contam sempre com uma ou mais opções de recreação, como pebolim, dardo, televisores para assistir a jogos de futebol, etc.

Alguns são pequenos e apertados, mas não deixam de ter seu público certeiro para o que chamam de happy hour, antes ou depois da faculdade. E vamos encontrar várias pessoas em pé na frente dos bares para fumar um cigarro — costume, infelizmente, ainda muito popular entre os universitários.

O modo de se vestir pouco importa, pois as pessoas vão à faculdade como podem — uns vestidos socialmente, já que têm de ir diretamente do trabalho, e outros mais à vontade.

A decoração também é simples, algumas vezes seguindo um tema, como o futebol, ou repleta de cartazes anunciando diferentes cervejas.

Os nossos bares de esquina e nossas padarias também são bastante famosos e, em determinados bairros, acabam sendo o ponto de encontro ou de referência de uma comunidade que se encontra para o bate-papo diário e onde trabalhadores vão para almoçar e relaxar antes, durante ou depois de um dia de trabalho.

Em 1995, em Porto Alegre, nasceu a primeira microcervejaria brasileira, a **CERVEJARIA DADO BIER**, da análise e associação entre as características do nosso povo e nossa cultura com o modo americano de marketing e franchising, padrão que explodia, na época, nos Estados Unidos e na Europa.

Com restaurante, bar, sushi, pizzaria e danceteria, a unidade de São Paulo foi aberta no Itaim em 1996, com um fantástico projeto arquitetônico e de interiores, mas acabou fechando em 1999/2000. Foi o primeiro contato que tivemos com a exposição dos tanques de produção de cerveja como elementos decorativos e centro de interesse em um projeto de interiores.[2]

Várias cervejarias artesanais estão surgindo pelo país, algumas com características bastante individualizadas, buscando agradar uma parcela de clientes num universo muito competitivo.

O **JET LAG PUB**, em São Paulo, por exemplo, tem o slogan "Nem todos os pubs são iguais", e utiliza o recurso de bar temático e música ao vivo para se diferenciar. A aviação é a referência de decoração, que usa uniformes

[2] Cf.: http://www.josedornelas.com.br/wp-content/uploads/2008/09/dadobier.pdf; http://www.dadobier.com.br.

cozinhando com cerveja

INVENÇÃO DE BRASILEIRO: BRIGADEIRO DE CERVEJA[3]

Tempo de preparo: 25 min
Rendimento: aproximadamente 25 brigadeiros médios ou 10 copinhos

INGREDIENTES

350 ml de cerveja Baden Baden Golden Ale (cerveja com adição de canela)
1 lata de leite condensado
1 colher de sopa de manteiga

MODO DE PREPARO

Em uma panela, ferva a cerveja até que os 350 ml reduzam para 50 ml.
Coloque em outra panela e quando esfriar adicione o leite condensado e a manteiga. Misture em fogo baixo até começar a desgrudar, ou seja, até atingir o mesmo ponto do brigadeiro tradicional. Enrole e passe no açúcar, coloque em copinhos ou se preferir use como recheio de bolo de maçã ou abacaxi (harmonização perfeita).

---

3 Cf.: https://leschosesdecuisine.wordpress.com/2012/01/18/branquinho-baden-baden.

---

de aviadores expostos e partes de um avião como detalhes no design, além do balcão feito com uma asa de avião. Segundo Leo Sanchez, responsável pela cenografia do pub, "Em todo o projeto utilizamos o conceito de re-design, que é dar um novo layout e novas formas de utilização para diversos produtos, tendência vista com frequência na Europa e nos Estados Unidos".

FRANÇA

Falar da França não é só falar de vinho! Embora a maioria das pessoas não saiba, os franceses sempre beberam cerveja. No século XIX havia no país 2.800 fábricas, mas decaíram, chegando a apenas 23 na década de 1970,[4] contando atualmente com mais de 500, sendo na sua maioria produtoras de craft beer.[5]

Como mostram os números, a França também adotou a craft beer, cerveja artesanal, que está entrando com força na vida dos franceses como no resto do mundo.

Uma das razões pelas quais os franceses estariam consumindo mais cerveja e adotando as cervejas artesanais como uma alternativa ao vinho seria o fato de que cresceu bastante a parte da população trabalhou e viveu no exterior,

---

4 Cf.: http://modernfarmer.com/2014/06/making-craft-beer-revolution-paris.
5 Cf.: http://www.foodrepublic.com/2015/08/17/the-truth-about-frances-craft-beer-movement/.

abrindo os olhos dos mais jovens para novas "aventuras" e novos costumes.

Essa moda, no entanto, está entrando no país de forma mais lenta do que ocorre em outros países, uma vez que a cultura do vinho é muito forte e os franceses são mais tradicionalistas.

O micropub **BEER O'CLOCK**, em Annecy, França, é um exemplo da tendência: pequeno espaço, pouquíssimas mesas, pouca opção de petiscos, muita cerveja e tecnologia.

O estabelecimento ocupa uma antiga construção no centro da cidade de Annecy (conhecida como a Veneza francesa), que foi totalmente restaurada e adaptada à tecnologia.

Os clientes recebem, na entrada, um cartão magnético individual que permite que eles escolham entre os tipos de cerveja oferecidos nas doze torres sobre o balcão. As torres – que por sinal são peças de design contemporâneo – estão à disposição dos clientes num sistema "do it yourself". O cliente recebe um copo e escolhe a cerveja que prefere por meio de um tablet utilizado como monitor junto a cada uma das torres. Nesse momento, ele deve colocar o cartão no recesso existente no balcão junto à torneira (seu saldo aparece no monitor), lavar o copo (quando necessário), abrir a torneira e colocar o quanto quiser de cerveja. Ao terminar e fechar a torneira, seu novo saldo aparece no monitor e, assim, cada cliente escolhe o que quer, quanto quer e quantas vezes quiser!

As poucas mesas são de madeira e ferro, e os bancos e cadeiras são todos diferentes e feitos de couro e ferro. A decoração é bastante simples, porém com detalhes diferenciados, já que é nítido o enfoque do projeto nas torres de cerveja e seus tablets.

O contraste entre as características rústicas da arquitetura e do design de interiores com a tecnologia dá um verdadeiro charme ao pub, cujo slogan é: "The place to beer".

REINO UNIDO E IRLANDA

Os ingleses e irlandeses consomem cerveja há muitos anos. Dizem até que, por volta do século XIX, crianças eram estimuladas a beber uma versão menos alcoólica da bebida, pois na época era considerada mais saudável do que beber água contaminada.

O que teria começado como um simples local para consumir cerveja evoluiu para um local de relevância para comunidades de vilarejos, principalmente os mais afastados das cidades: o famoso "pub inglês".

Esses estabelecimentos – como é o caso do pub e inn **ROSE & CROWN**, em Bradford Abbas, Inglaterra –, na sua grande maioria, oferecem bebidas e refeições, além de opções de divertimento, como jogos de dardo, jogos eletrônicos, noite de perguntas e respostas,

cozinhando com cerveja

**COMIDA DE PUB: GUINNESS PIE[6]
TORTA DE CARNE COM CERVEJA GUINNESS, TRADIÇÃO IRLANDESA E INGLESA.**

INGREDIENTES

Massa
200 g de farinha de trigo
110 g de manteiga em cubos
1 pitada de sal
2 a 3 colheres de sopa de água bem fria
1 ovo batido para finalizar

Recheio
25 g de farinha de trigo
Sal e pimenta moída
1 kg / 900 g de acém cortado em cubos de 2,5 cm
20 g de manteiga
1 colher de sopa de óleo vegetal
2 cebolas grandes, em fatias finas
2 cenouras cortadas em cubos de 2,5 cm
2 colheres de chá de molho inglês
2 colheres de chá de purê de tomate
500 ml de Guinness
300 ml de caldo de carne quente
2 colheres de chá de açúcar

PREPARO

Massa
Coloque a farinha, a manteiga e o sal em uma tigela grande, misture bem até obter uma mistura fina. Adicione a água e misture com uma colher fria até que fique uma massa homogênea. Se a mistura ainda estiver muito seca, vá adicionando uma colher de chá de água fria por vez.

---

[6] Cf.: http://britishfood.about.com/od/recipeindex/r/beefalepie.htm.

Cubra a massa com filme e coloque na geladeira por 15 minutos, no mínimo, e no máximo por 30 minutos.

Recheio
Coloque a farinha em uma tigela grande, tempere com sal e pimenta, adicione os cubos de carne e misture bem a farinha até cobrir cada pedaço uniformemente.

Aqueça a manteiga e o óleo em uma panela ou caçarola até que a manteiga derreta. Adicione a carne em pequenos lotes e frite rapidamente só para selar a carne; em seguida, retire-a com uma escumadeira e reserve.

Em uma panela adicione a cebola e a cenoura e frite suavemente por 2 minutos; em seguida, adicione a carne à panela com o molho inglês, o purê de tomate, a cerveja, o caldo de carne e o açúcar.

Tempere generosamente com pimenta preta e um pouco de sal, mexa bem e deixe ferver. Cubra, reduza o fogo e cozinhe lentamente por cerca de 2 horas, ou até que a carne esteja macia e o molho esteja brilhante e tenha engrossado.

Retire do fogo, coloque em um pirex ou recipiente para torta com capacidade para 1,5 litro e deixe esfriar completamente.

Aqueça o forno a 200 °C.

Estenda a massa com 3 mm de espessura, corte uma tira de 2 cm e separe.

Pincele a borda do pirex com água e coloque a tira de massa ao redor da borda, pressionando para baixo.

Corte a massa restante 2,5 cm maior do que o pirex. Se quiser, coloque um funil de alumínio no centro do recheio do pirex para apoiar a massa e evitar que toque o recheio e se encharque.

Tampe o pirex com o restante da massa e pressione para selar nas bordas. Pincele o topo com ovo batido e faça um buraco no centro para revelar o funil. Asse por 30-35 minutos, até que a massa esteja crocante e dourada. Sirva com salada e batata frita.

skittles, bilhar ou música ao vivo, etc. — o que os fortalecem como pontos de encontro, agregação e socialização mais do que simplesmente um local para beber.

Os pubs ainda são os mais famosos estabelecimentos de consumo na Inglaterra, embora muitos deles estejam desaparecendo e outros passando para a mão de grandes produtores de cerveja, que acabam por transformá-los em restaurantes gourmet.

"Terra da Guinness", a Irlanda também adora cerveja! Os pubs irlandeses, chamados de tavernas (*teach tábhairne*) ou drinking houses (*teach óil*), são famosos no mundo todo por sua atmosfera de alegria (*craic*) muitas vezes representada na música irlandesa ao vivo, na dança e certamente na confraternização entre os clientes num universo verde e branco.

Se o pub é irlandês, mas está fora de sua terra, é muito provável que se encontre repleto de irlandeses e seus descendentes. Com certeza, esses compatriotas que se encontram pelo mundo terão deixado a terra natal em busca de novas oportunidades de vida e, para eles, esses espaços são como um retorno ao país natal, um modo de voltar a pertencer a um grupo que deixaram para trás.

REPÚBLICA CHECA

Este é o país da cerveja Pilsen, onde a indústria cervejeira é patrimônio nacional.

A produção da cerveja e o seu consumo estão fortemente presentes na cultura e na vida da população. Como afirma o site da Radio Praga no texto "A cultura da cerveja nas terras checas", "durante o socialismo, beber cerveja era um dos únicos lazeres possíveis e a indústria cervejeira uma das únicas indústrias das quais a população se orgulhava".[7]

Comer e beber estão sempre juntos pelo país onde não se imagina fazer uma refeição que não seja acompanhada por uma cerveja, a qual é servida em canecas ou garrafas, pois as latinhas são basicamente consumidas por turistas.

O **EXCELENT URBAN PUB COMIX**, localizado em Pilsen, na República Checa, é um exemplo muito interessante da aplicação do reforço da marca no local de consumo.

---

[7] Cf.: http://www.radio.cz/en/static/czech-beer/culture.

Instalado em uma construção antiga, com suas vigas e pilares de madeira aparentes, o pub "brinca" de forma bastante eficaz com o contraste entre o antigo e o novo, o rústico e o tecnológico e o claro e o escuro, ao mesmo tempo em que explora características da marca de cerveja que oferece.

O logo com o nome da cerveja na parede de fundo cria um ponto focal bastante forte com a iluminação néon em verde, que também aparece em símbolos em outra parede e sob o tampo do balcão do bar.

Diferentes luminárias, uma divisória e prateleiras foram criadas utilizando garrafas da cerveja que é "carro-chefe" do bar. Já os bancos do bar foram criados a partir de barris de alumínio utilizados como contentores da cerveja.

Logo na entrada, uma parede foi decorada com tampinhas de garrafa, criando textura e interesse. A atmosfera proposta pelo projeto de design de interiores é envolta em verde, e faz com que os clientes de certa forma "vivam" a marca enquanto estiverem no pub.

9. O DESIGN NA APRESENTAÇÃO E NO CONSUMO DA BEBIDA

As constantes inovações tecnológicas, de materiais e o próprio desenvolvimento no campo da cervejaria vêm possibilitando, e de certa forma "exigindo", a criação de diferentes produtos relacionados à apresentação e ao consumo da cerveja, seja por motivos estéticos, de diferenciação e *marketing*, seja pelas características e propriedades dos novos estilos das cervejas artesanais.

O design nesse universo pode ser apreciado em qualquer dos três modos de consumo da bebida: nos copos, diretamente de torres ou barris, nas garrafas ou nas latinhas.

COPOS E CANECAS

A evolução do design dos recipientes está ligada à própria evolução da cerveja. No início, os contentores teriam sido criados com enfoque único em sua função e, com o tempo, outras variantes passaram a ser consideradas, como a forma que melhor atenderia às características da cerveja, a durabilidade, a manutenção, a estética final do produto e a nova tendência da degustação de cervejas artesanais.

Na **BREWHOUSE AND KITCHEN**, em Dorchester, Inglaterra, um aviso na parede esclarece que "a escolha adequada do copo pode melhorar consideravelmente o sabor da cerveja".

Os primeiros recipientes foram feitos principalmente de barro, cerâmica, pedra e madeira, e, como não eram transparentes, podiam conter uma bebida que apresentava muitos resíduos e impurezas.

Alguns detalhes de design, como a tampa para as primeiras canecas, teriam surgido da necessidade de proteger a bebida de moscas nos tempos da peste bubônica.

Foi somente no século XIX que o vidro passou a ser acessível a todas as classes sociais, e a criação de copos teria então tomado um novo rumo e contribuído para a evolução da cerveja, que já não poderia mais conter fragmentos, pois estes seriam vistos.

Uma cerveja filtrada, mais clara, e o aumento de cervejas artesanais com diferentes aromas e sabores contribuíram, e continuam contribuindo, para novos designs de copos.

Na ilustração, da esquerda para a direita, temos o rascunho de um recipiente em terracota, utilizado para beber cerveja, datando de 3300 a 2900 a.C. No meio, uma xícara pertencente ao Museu Britânico, criada no período mesopotâmio, cerca de 2600 a.C., em ouro, com canudo para beber cerveja sem as impurezas. E a terceira, uma caneca com tampa protetora, criada na época da peste bubônica, ou peste negra, de 1347 a 1353.

A evolução do design de copos também está ligada ao *marketing*, que viu, nesse ramo, um excelente mecanismo de divulgação do produto, estabelecendo uma maior concorrência entre os comerciantes de cerveja.

Assim, cada cervejaria teria começado a encomendar copos diferentes para diferentes estilos de cerveja. Artistas foram contratados para criar peças únicas, que hoje fazem parte do desejo de muitos colecionadores.

Os *sommeliers* de cerveja garantem que o design dos copos ou das canecas deve estar diretamente relacionado com as características de aroma, sabor e cor da bebida a que se destinam, pois são parte importante da degustação, que envolve todos os nossos sentidos, incluindo-se aí a visão, com o nosso modo de ver e apreciar esteticamente um produto (ver "Degustar em vez de embriagar-se", p. 67).

Cada país, no entanto, tem seu próprio modo de servir cerveja. Na Bélgica, por exemplo, cada estilo da bebida é servido em um copo específico, seja qual for o bar ou pub que se visite. Nos Estados Unidos, diferentes estilos da bebida podem ser servidos no mesmo tipo de copo, já que nem todos os locais de consumo abandonaram a tradição americana do american pint ou shaker.[1]

Podemos dizer que o mesmo pode ocorrer em algumas regiões do Brasil, em que a cultura de diferentes estilos de cerveja e a "degustação" do produto ainda está se difundindo, e os copos, digamos, mais apropriados para cada estilo por enquanto não fazem parte do "cardápio".

Nessa ilustração, vemos uma versão estilizada do coachman's glass, copo do cocheiro, criado no século XVIII, em que o copo repousava numa base de madeira, o que permitia que ele fosse usado pelos cocheiros enquanto dirigiam uma carroça ou carruagem, e da caneca bota, que apareceu na Inglaterra no início do século XIX, utilizada em clubes

---

[1] Cf.: http://www.theguardian.com/lifeandstyle/2009/jun/13/history-of-the-british-beer-glass.

de caça e equitação. Esse modelo também foi introduzido na Alemanha e nos Estados Unidos, em meados do mesmo século.[2]

O primeiro copo utilizado para a cerveja era cônico e grosso, e ficou conhecido como "shaker". Era fácil de empilhar e guardar, mas lascava e trincava a borda facilmente. No final dos anos 1940, foi criado o Nonik, copo cônico que possuía um abaulado no vidro, a 5 centímetros da borda, um detalhe do design que procurava evitar que trincasse ou lascasse facilmente quando lavado ou guardado. O mesmo detalhe melhorou a ergonomia, facilitando o *grip*, ou seja, permitia que o copo não escorregasse facilmente da mão. Foi comercializado e ficou famoso na Inglaterra, mas teria sido criado nos Estados Unidos por volta de 1913.[3]

Até o final da Primeira Guerra Mundial, a mais famosa caneca de cerveja na Inglaterra foi uma caneca reta de porcelana, cor-de-rosa e com a alça branca. Nos anos 1920, foi criada a caneca reta canelada (10 chanfros) de vidro e com alça, mas era pesada e difícil de guardar por causa da forma e da alça. A "dimpled beer mug" lembrava uma granada e apareceu no final dos anos 1930. Feita com vidro grosso e ondulações que refletiam a cerveja clara, passou a ser moda.

GARRAFAS

A embalagem é quase tão importante quanto o produto, senão mais, já que é também responsável pela divulgação da marca e do próprio produto.

Poderíamos dizer, portanto, que, assim como os designers de interiores, o designer de produtos deve conhecer a evolução e as mudanças dos usos e costumes dos consumidores para poder criar uma embalagem que transmita novos conceitos e tendências.

A garrafa da cerveja Skol, por exemplo, foi criada após uma pesquisa da Ambev, a qual constatou que 50% dos brasileiros bebiam cerveja em casa. Então, um produto que não precisasse de abridor e que tivesse um volume maior de bebida seria muito bem-vindo!

A garrafa de vidro que sobrevive até hoje teria sido criada há mais de 440 anos, segundo alguns registros sobre o assunto, mas, realmente, a única evidência que existe sobre o seu uso comercial data da segunda metade do século XVII, quando foram utilizadas por pequenas cervejarias domésticas.

Com o tempo, as garrafas de vidro passaram a ser utilizadas somente para a exportação, sendo fechadas à mão com uma rolha de cortiça presa com arame para que não saltasse devido à pressão. Feitas quase todas artesanalmente com a técnica do sopro, tinham custo

---

2 Cf.: www.firstwefeast.com/drink/2014/03/7-beer-glasses-every-drinker-know; www.streetdirectory.com/food_editorials/beverages/beer/the_history_of_the_beer_glass.html; www.zythophile.wordpress.com/tag/10-sided-beer-mug.
3 Cf.: https://en.wikipedia.org/wiki/Pint_glass.

bastante elevado. Algumas cervejas teriam sido engarrafadas em contentores de grés (*stoneware*).

Uma tampa de rosca para uma versão bem mais econômica de garrafa de vidro teria sido criada em 1879 pelo inglês Henry Barret, e a tradicional tampinha teria aparecido somente em 1892 pelas mãos do irlandês William Painter.

Com a moda das cervejas artesanais, novos modelos vêm sendo criados para distinguir marcas e qualidade. A competição está fazendo com que as tradicionais cervejarias desenvolvam outras marcas e embalagens para não diminuir seu público consumidor.

A cervejaria Bohemia, por exemplo, criou uma embalagem para algumas de suas cervejas que mais lembra uma garrafa de champanhe.

Já o designer francês Petit Romain criou, em 2012, a Heineken Cube, garrafa verde em formato de cubo, que acabaria com os problemas de armazenamento e transporte.

LATINHAS

As latinhas de cerveja teriam surgido da necessidade de descobrir um modo mais econômico e prático de armazenar e transportar o produto em relação às tradicionais garrafas que, além de pesadas, poderiam quebrar e tinham que ser reutilizadas.

Foi somente em 1933 que uma companhia americana, a Gottfried Krueger Brewing Company, desenvolveu e adotou uma lata que, mantendo o produto sob pressão, conservava suas características e garantia o sabor original da cerveja. A cerveja Krueger Special se tornou conhecida por volta de 1935.

O uso de latinhas favorecia o transporte e a armazenagem. Por serem baratas, podiam ser descartáveis, além de possibilitarem propaganda em toda a sua superfície. As primeiras latinhas precisavam do abridor "church key", criado pelo irlandês William Painter, nos Estados Unidos, em 1892.

Em 1935, foi criada a lata cônica, em formato de garrafa, que favorecia o uso das mesmas máquinas utilizadas pelas fábricas de cerveja. No entanto, elas eram difíceis de armazenar e foram extintas em 1960. As latas de alumínio apareceram somente em 1958.

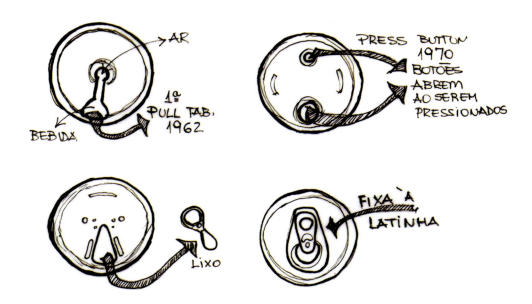

- Nos anos 1960, surgiu a **EASY OPEN PULL TAP**. Por possuir um anel, era fácil de abrir, mas acabou criando lixo para animais selvagens e de estimação, perigo de corte nos pés em praias e poluição espalhada por toda parte.
- Nos anos 1970, criou-se a Press Button Can. Ao apertar os botões para dentro da latinha as pessoas acabavam machucando os dedos.
- Em 1971, a Skol criou a primeira latinha brasileira.
- Em 1975, surgiu a **STAY TAB**, que acabou com o lixo e é usada até hoje, embora não favoreça a apreciação do aroma.
- Em 1989, apareceu a primeira lata de alumínio no Brasil.
- Em 1997, surgiu a **TOPLESS BEER CAN**. Conhecida como "bocão" no Brasil, ela favorece o aroma, como quando bebemos cerveja num copo.

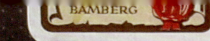

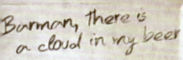

PORTA-COPOS

Os porta-copos são mais do que um "simples e conveniente apoio". No mundo das cervejas, eles são uma forma de comunicação visual, de decoração, de *branding*, de coleção e de promoção de marcas.

Os pubs ingleses, por exemplo, costumam fixar diferentes estilos de porta-copos nas vigas expostas de suas construções, criando interesse e trazendo um pouco de cor e divertimento para dentro dos ambientes.

Diferentes rótulos muitas vezes são impressos nos porta-copos, que servem também como parte de nossa memória. Assim, a criatividade dos designers gráficos vai ao máximo na tentativa de criar marcas mais interessantes que as de seus concorrentes.

TORNEIRAS E TORRES DE CHOPE

As torneiras utilizadas para servir cerveja teriam surgido, segundo alguns autores, após a Revolução Industrial, ocorrida na Europa entre meados dos séculos XVIII e XIX.

Graças à variedade de materiais, como o aço inoxidável, o cromo ou mesmo o latão – utilizado, por exemplo, pela **BREWHOUSE & KITCHEN** – e à diversidade de estilos e designs, as torres e torneiras vêm sendo utilizadas não só para promover cervejeiros mas também, e principalmente, como ponto focal nos estabelecimentos de consumo, permitindo aos clientes que vejam as opções disponíveis da bebida oferecidas pelo local.

10. AMBIENTAÇÃO E DESIGN

As razões pelas quais as pessoas escolhem um local em vez de outro como seu terceiro lugar podem variar bastante. Entre elas certamente estará a atmosfera oferecida pelos locais de consumo, embora a forte tendência em "saborear" uma cerveja artesanal, no lugar de simplesmente "tomar" uma cerveja, teria contribuído para um novo elemento a ser considerado: a qualidade das bebidas oferecidas pelos bares, pubs, etc.

Quando avaliamos qual tipo de ambientação, de atmosfera queremos atribuir aos diferentes ambientes, sabemos que será mais do que necessário seguir o perfil do público-alvo que se deseja atingir ou "convidar" para frequentar o local. Esse nicho de clientes terá suas razões, necessidades e expectativas que deverão, de alguma forma, estar incluídas no resultado final.

Como vimos anteriormente, quando falamos dos micropubs – locais destinados unicamente a um público que conhece ou busca conhecer diferentes cervejas artesanais, um público gourmet –, o fator principal para um estabelecimento ser frequentado não estaria baseado primeiramente no fator visual.

Esses espaços não precisariam de um estilo mais sofisticado ou mesmo de uma atmosfera requintada e de ostentação. Na maioria dos casos, eles são simples, aconchegantes e de baixo custo. Somente o aumento do número de locais com o mesmo perfil irá alterar essa tendência, fazendo com que o design de interiores passe a exercer maior influência na frequência de clientes.

Portanto, a ambientação é responsável por criar a atmosfera mais adequada para cada grupo de clientes. Alguns pubs visitados chegam a ter atmosferas especiais para ambientes diversos, fazendo um "esforço" para atender a diferentes necessidades e costumes num só local de consumo.

A escolha dos materiais também deve ser feita cuidadosamente, já que eles influenciam diretamente na acústica, na reflexão da luz, na manutenção e no estilo do ambiente em questão.

Os pubs mais tradicionais ainda mantêm o carpete como principal material do piso, o que ajuda a abafar um pouco o som das conversas entre os clientes. Os que optaram por lajotas ou pedra procuram cobrir parte do piso com tapetes para suavizar a ressonância do som.

Em alguns casos, o design de interiores terá que se adaptar à arquitetura de interiores preexistente; em outros, poderá fazer alterações, transformando a própria estrutura do espaço interno ao cobrir pilares expostos, rebaixar o pé-direito com gesso, entre tantas outras opções.

O **THE TROUT**, na Inglaterra, é um bom exemplo de como os componentes do design foram utilizados para criar as atmosferas que, de certa forma, "ditam" aos clientes como se comportar ou mesmo se vestir para frequentar o bar ou o restaurante do pub.

Com três ambientes — um para o bar e dois para o restaurante —, o projeto também se diferencia, criando praticamente três propostas visuais distintas.

No bar, os materiais que predominam são a madeira, a lajota e o veludo em cores suaves, os quais contrastam com a arquitetura de interiores antiga, rústica, com seus pilares e vigas expostas que, por sua vez, ajudam a aumentar visualmente o pé-direito relativamente baixo, como em todas as construções antigas da Inglaterra. A rigidez das linhas e formas retas foi balanceada com a introdução de poltronas curvas.

O restaurante principal está ligado ao bar por uma rampa que foi cuidadosamente revestida de carpete para evitar escorregões em dias de neve ou chuva, tão frequentes no país. A atmosfera é bastante formal, com cadeiras de couro, espelhos na parede e esquema de cor acromático. As linhas retas predominam e a verticalidade foi explorada com a escolha das cadeiras de espaldar alto.

No outro restaurante, interligado ao bar por degraus, a atmosfera é mais intimista, rústica e informal. Predomina a cor amarelada das paredes, e a arquitetura de interiores está mais em evidência do que o design, embora tenham sido utilizados alguns móveis antigos como apoio e a iluminação seja feita com peças especiais.

MESAS, BALCÕES, CADEIRAS E POLTRONAS

Para um local que deve ser frequentado por vários clientes, é importante tentar considerar os diferentes tipos de pessoas, ou seja, aquelas com peso "normal", as obesas, as que apresentam movimentos livres de impedimentos e aquelas com qualquer tipo de deficiência visual ou motora, como fez a **BREWHOUSE & KITCHEN**, na Inglaterra, que oferece várias formas de agregação com diferentes opções de assentos, além de ambientes diferenciados. Cada um dos ambientes tem suas características particulares, com variação, inclusive, do nível de barulho. Dessa forma, são também respeitadas as limitações auditivas.

A acessibilidade e a inclusão, ou seja, o fácil acesso a tudo e a todos por todas as pessoas, são fundamentais em todos os aspectos do projeto.

Cadeiras, bancos e poltronas, com ou sem braço, podem atender a clientes de diferentes tamanhos e faixas etárias, já que o braço da poltrona pode ser indispensável para uma pessoa de mais idade ou com problemas de locomoção.

O uso de diferentes tipos de mesas pode oferecer não só opções de agrupamento como também bastante flexibilidade à composição.

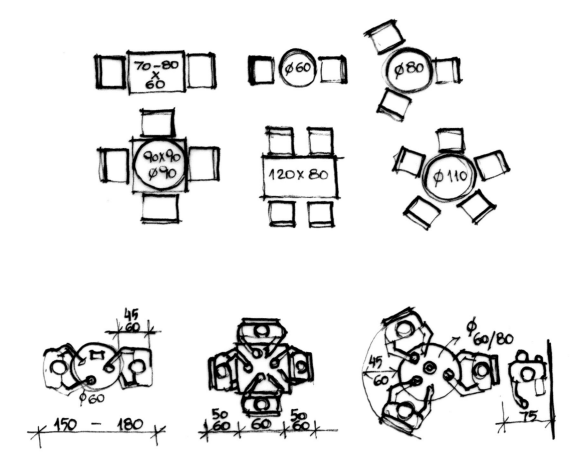

As dimensões dos móveis devem estar de acordo não somente com o tamanho do ambiente mas também com a flexibilidade de utilização e, principalmente, com a ergonomia dos clientes.

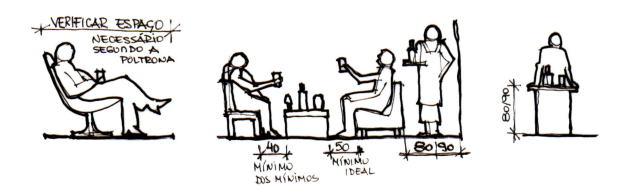

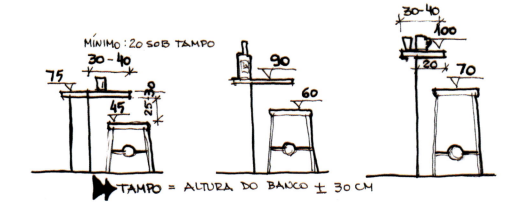

○ **THE KELLERWALD FORCHHEIM BEER GARDENS** – em que "kellerwald" significa floresta de caves – é originário do século XVI. No início, tratava-se de um local onde a cerveja produzida pelas cervejarias da região estava protegida do calor do verão, armazenada em caves subterrâneas, escavadas nas rochas da floresta. Aos poucos, os proprietários de diferentes caves começaram a servir cerveja aos clientes que por ali passavam diretamente dos barris para mesas que eram colocadas junto à porta de entrada. Hoje, o local conta com aproximadamente 24 cervejarias com um total de 3 mil lugares sob as enormes árvores da floresta da Alta Baviera, na Alemanha.

As mesas da maioria dos beer gardens fogem a qualquer princípio ergonométrico. Feitas com tábuas de madeira, elas seguem as mesmas dimensões dos assentos, ou seja, por volta dos 23 cm de profundidade. Nessas dimensões pode-se, com certeza, acomodar os copos ou canecas de cerveja e "equilibrar" pratos e travessas caso alguma comida faça acompanhamento à bebida.

Mesas compridas determinam que o local é para "estar com outras pessoas", e que todos ali são absolutamente iguais e têm a intenção de se divertir.

ILUMINAÇÃO

Para que se consiga a atmosfera desejada, nada mais importante do que escolher corretamente o tipo de iluminação, pois ela poderá influenciar, e muito, o resultado final de uma composição.

É bom lembrar que podem ser escolhidos três tipos básicos de iluminação: geral, de tarefa ou de efeito; e que o tipo de luz produzida poderá ser difusa, direta ou indireta, segundo o facho escolhido para a luminária.

Uma iluminação predominantemente geral e difusa, por exemplo, tenderá a deixar o ambiente mais impessoal e de certa forma "frio" visualmente. Quando essa for a melhor opção para um projeto, será interessante criar alguns pontos de interesse bastante visíveis para que eles ajudem a dar movimento e a criar mais interesse no resultado final.

Já uma iluminação indireta ou de efeito poderá ajudar na criação de uma atmosfera mais intimista e aconchegante.

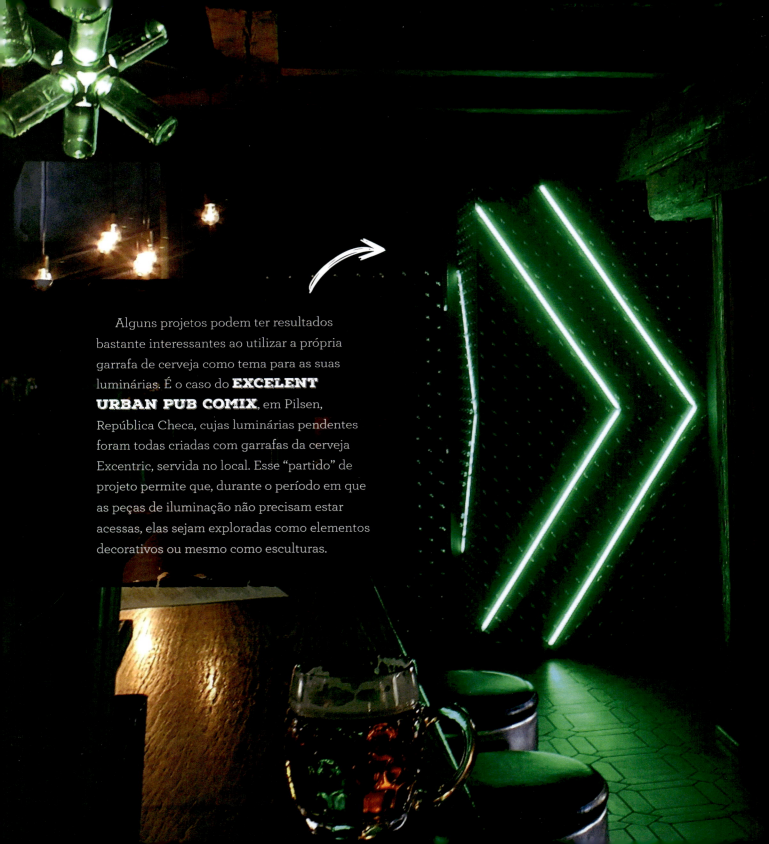

Alguns projetos podem ter resultados bastante interessantes ao utilizar a própria garrafa de cerveja como tema para as suas luminárias. É o caso do **EXCELENT URBAN PUB COMIX**, em Pilsen, República Checa, cujas luminárias pendentes foram todas criadas com garrafas da cerveja Excentric, servida no local. Esse "partido" de projeto permite que, durante o período em que as peças de iluminação não precisam estar acessas, elas sejam exploradas como elementos decorativos ou mesmo como esculturas.

A iluminação néon verde, instalada em vários pontos do estabelecimento, difunde a atmosfera verde — cor da marca da cerveja — por toda parte e reforça o *branding* da empresa.

Nesse projeto, o resultado final foi uma atmosfera intimista e contemporânea.

O **THE PUB**, também localizado em Pilsen, na República Checa, utiliza um projeto de iluminação igualmente intimista, porém com alguns diferenciais.

Para o balcão foram escolhidos dois tipos de iluminação que criam uma perspectiva muito interessante ao associarem-se com os arcos da antiga construção. A iluminação focal de tarefa sobre o balcão, criada por meio da repetição de uma luminária com design bastante simples, e a iluminação de destaque aplicada no mobiliário criam linhas horizontais que dirigem o olhar para o final do balcão, enfatizando ainda mais seu longo comprimento.

O projeto de interiores em questão usou a iluminação para criar pontos de interesse e dar movimento à composição.

ESTILOS E ATMOSFERAS

O processo criativo pode ser iniciado a partir de determinado estilo (clássico, contemporâneo, *hightech*, art nouveau, étnico, etc.) ou de uma atmosfera (aconchegante, intimista, relaxante, exótica, etc.) e, geralmente, o estilo e a atmosfera se complementam, ou seja, a escolha de um estilo pode ditar qual será a atmosfera final ou vice-versa. É importante considerar que cada escolha irá determinar quais os materiais, texturas, formas, etc. que poderão ser aplicados e, assim, criar uma solução que seja coerente para o projeto.

O pub **CRAFTY CROW**, em Nottingham, Inglaterra, serve as cervejas artesanais produzidas pela cervejaria Magpie, além de cervejas artesanais locais e vindas de outras partes da Inglaterra. O estilo criado favorece o natural, com seus bancos de madeira, cores e desenhos nas paredes, com clara menção às produções artesanais. Como a casa pertence à rede Magpie, o pássaro está presente em vários pontos do projeto, fazendo referência à marca. Muito criativo e diferenciado, utiliza o *branding* de maneira sutil, mas eficaz.

DESIGN E TECNOLOGIA

Uma das características dos locais com design mais contemporâneo é a utilização da tecnologia integrada ao projeto, que tem possibilitado soluções com fortes diferenciais, principalmente no universo das cervejas craft, em que o natural e o artesanal contrastam com a tecnologia aplicada. A utilização de "self service" com tablets e cartões magnéticos, por exemplo, vem se espalhando e já pode ser encontrada em cervejarias de vários países.

Cervejarias com aplicativos desenvolvidos especialmente para seus clientes oferecem a possibilidade de escolher, em terminais individuais, a música ambiente, bem como fazer pedidos, ter a conta separada por pessoa (nos casos de grupos) ou até acompanhar, por meio de um telão, como os outros bares da mesma franquia estão se comportando, ou mesmo quanto estão consumindo em cerveja.

Outro componente bastante explorado na criação de atmosferas tecnológicas, como já vimos, é a exibição dos tanques e outros equipamentos utilizados na produção ou no armazenamento da cerveja. Essa foi a proposta escolhida para a **BIRRETTERIA BY BARAKA'S**, na Itália, onde estão à vista não somente os tanques mas também a tubulação que leva as cervejas até as torres e torneiras que abastecem os balcões. Além de criar um ponto focal interessante, essa exposição busca garantir aos clientes a proveniência do produto ou mesmo salientar sua produção local. A tecnologia empregada nos projetos de iluminação e nos materiais decorativos ou de acabamento também é utilizada como diferencial nas cervejarias que procuram atender a um público mais jovem, ligado à vanguarda e ao design contemporâneo.

11. A CERVEJA E AS ARTES

As artes em geral, como a literatura, a música, a pintura e o cinema, são grandes fontes de conhecimento e aprendizado. No nosso caso, com relação à cerveja, podemos encontrar várias referências sociais, culturais e espaciais relacionadas, por exemplo, aos locais de consumo e seus consumidores.

FILMES E SÉRIES TELEVISIVAS

São inúmeros os exemplos de locais de agregação que podemos mencionar nessa categoria. Escolhemos alguns para ilustrar diferentes enfoques de utilização, tanto no que se refere ao espaço de consumo quanto ao aspecto do design.

Cheers, ou *Saúde!*, 1982 a 1993, é uma série cômica de televisão americana que se passa num "aconchegante" bar de Boston. Os frequentadores são pessoas com diferentes interesses e características, mas que ali se reúnem porque se sentem bem e de certa forma são "iguais". Essa série mostra a importância dos bares e das cervejarias como pontos de referência e de agregação, ou seja,

a importância que um **terceiro lugar** tem na vida das pessoas. A trilha sonora enfatiza essa necessidade: "Às vezes você só quer estar onde as pessoas sabem seu nome".

Dois pubs, ou inns, aparecem em ***Harry Potter***, a série de livros escrita pela autora britânica J. K. Rowling, publicada entre 1997 e 2007 e transformada numa série de filmes entre 2001 e 2011:

- **The Hog's Head Pub** ("Cabeça de Javali") tem o visual de um pub "inacabado", com pé-direito bastante baixo, atmosfera escura e intimista, e ambiente sujo e com "cheiro de cabra", segundo Harry Potter. Seus frequentadores cobrem as faces para não serem reconhecidos, pois aquele é um local de jogos, reuniões, sociedades secretas e conspiração para rebeliões.
- O **Three Brumesticks** ("Três vassouras") serve a melhor *butterbeer* ("cerveja amanteigada") das redondezas. Com pé--direito bastante alto, paredes brancas e muita madeira escura, faz uma pequena analogia ao estilo inglês Tudor. Sua atmosfera é aconchegante, com uma lareira

para os dias frios. Sempre cheio e barulhento, tem quartos para alugar no andar superior, o que fornece as premissas para ser também chamado de inn.

Django livre (*Django Unchained*) é um filme de 2012, dirigido por Quentin Tarantino, no qual Django (Jamie Foxx) é um escravo "roubado" pelo caçador de recompensas Dr. King Schultz (Christoph Watlz) para que Django o ajude em sua caça a famosos condenados em troca de sua liberdade. Em uma das primeiras cenas, os dois "amigos" bebem cerveja juntos, mas, infelizmente, uma cena como esta jamais poderia realmente acontecer em tempos da escravidão!

O ritual australiano das rodadas – "it is your **shout**", ou "é sua vez de pagar a rodada" – foi explorado com bastante sucesso no famoso romance cômico *They're a weird mob* ("Eles são um povo estranho"), escrito por John O'Grady, em 1957, e transformado em filme em 1966. Nesse filme, que mostra as dificuldades de um imigrante italiano em entender a cultura do novo país onde se encontra, num pub, ele é avisado que é sua vez de "shout", e ele não entende por que deveria gritar antes de pedir uma cerveja...

Séries contemporâneas, como *How I met your mother* e *New tricks* mostram a importância dos pubs e bares como local de encontro para bater papo, discutir problemas de amigos ou ainda resolver questões de trabalho num *brainstorm* fora do escritório.

Há vários filmes e novelas que também mostram a vida dos brasileiros entre botecos, bares e restaurantes. As novelas filmadas no Rio de Janeiro, por exemplo, quase sempre utilizam bares e botequins no melhor estilo carioca para complementar as características de alguns de seus personagens ou, simplesmente, para trazer uma vida fictícia para um contexto conhecido, familiar aos brasileiros, ou seja, uma cerveja com amigos num bar, boteco ou botequim.

> O encontro, no qual o bar é o cenário, a cerveja é o centro e a amizade é a razão, é bastante comum pelo Brasil. Poderíamos dizer que faz parte da nossa cultura.

O **SIX BELLS** é um famoso pub inglês que aparece em vários episódios da série inglesa *Midsomer murders*. Por ser um "pub de vilarejo" e lugar de encontro da comunidade local, foi utilizado pelo inspetor Barnaby como

ponto de coleta de informações na hora de resolver vários crimes investigados.

A arquitetura do pub é bastante característica, tendo o telhado feito com o que os ingleses chamam de *thatching*, uma cobertura feita com palha ou qualquer outro material disponível na região, como as que vemos por aqui feitas com sapé.

Esse tipo de telhado existe na Inglaterra há milhares de anos, e era comum nas casas de vilarejos e fazendas mais pobres, passando posteriormente a ser executado também em construções mais nobres.[1]

[1] Cf.: http://www.britainexpress.com/History/thatching.htm.

As paredes e os tetos do pub são brancos e irregulares, e o pé-direito é bastante baixo, com as vigas e pilares de madeira rústica aparentes. O design interno foi modernizado nos dois ambientes que servem como restaurante, sendo decorados com móveis de madeira mais claros e consequentemente mais leves visualmente. Já o salão principal onde está o bar foi mantido no mais tradicional estilo de pub inglês, com móveis antigos e atmosfera mais informal.

As duas lareiras foram mantidas e são utilizadas nos dias de inverno.

Frequentado por moradores locais e turistas, é charmoso e seus dois beer gardens, um na frente do pub, com várias mesas e guarda-sóis, e outro nos fundos, com mesas e gramado, servem de local de reunião e confraternização, já que ali acontecem vários jogos comunitários tradicionais durante o verão.

LITERATURA

A relação entre cerveja e literatura pode ocorrer de diferentes formas. Podemos ter, por exemplo, nomes de cervejas que reverenciam escritores importantes, como:

- **Oscar Wilde Mild**, da Mighty Oak Brewery, que presta homenagem ao romancista, ensaísta, dramaturgo e poeta irlandês Oscar Wilde, considerado, em 1890, um dos mais famosos dramaturgos de Londres;[2]
- **White Whale Ale**, inspirada no livro *Moby Dick* (*The whale*), escrito pelo autor americano Herman Melville e publicado em 1851. Para fermentar essa cerveja teriam sido utilizadas páginas de cópias do livro *Moby Dick*![3]

Cervejarias, pubs e bares também teriam ficado famosos por serem descritos ou mesmo criados em livros e poemas. **George Orwell**, por exemplo, foi novelista, ensaísta, jornalista e crítico inglês. Escreveu o famoso *1984*, livro futurista publicado em 1949 e que continha a frase que ficou bastante conhecida: *"Big Brother is watching you"*.[4] Em 1946, Orwell teria escrito uma matéria num jornal londrino sobre o pub The Moon Under Water, nome fictício para o pub **The Canonbury Tavern**[5] que frequentava, descrevendo as características que julgava fundamentais para um pub londrino perfeito.

Segundo o autor, os pontos básicos para um bom pub, e que estavam presentes no The Moon, seriam:

- arquitetura e detalhes vitorianos;

---

2   Cf.: https://en.wikipedia.org/wiki/Oscar_Wilde.
3   Cf.: www.homoliteratus.com - Oktoberfest literária: 10 marcas de cerveja inspiradas na literatura.
4   "O Grande Irmão está te observando". Cf.: www.bbc.co.uk/history/historic_figures/orwell_george.shtml.
5   Cf.: http://www.standard.co.uk/goingout/restaurants/the-canonbury-tavern-review-fantasy-unfulfilled-10309464.html.

- jogos como dardo na área do bar público, deixando os outros bares do estabelecimento fora do perigo de dardos voadores;
- silencioso, sem rádio ou piano, favorecendo as conversas;
- as garçonetes conhecem o nome e mostram interesse em cada um dos frequentadores;
- tabaco, cigarro, aspirina e selos estão à venda e o telefone da casa está sempre à disposição dos clientes;
- o balcão de snacks vende o que há de bom;
- por seis dias da semana é possível almoçar no salão superior por mais ou menos três *shillings*;
- serve "draught stout";
- são rigorosos com os recipientes em que servem as bebidas, jamais servindo um "pint" (500 ml) num copo sem alça;
- o jardim é o melhor espaço do pub por facilitar que famílias possam frequentar juntas o pub.[6]

MÚSICA

A cerveja também está presente no mundo da música, seja na "mão" do compositor, seja da plateia, na letra ou mesmo na utilização de cantores famosos como garotos-propaganda.

O chope da Brahma, quando passou a ser oferecido engarrafado, teve a marchinha carnavalesca *Chopp em garrafa*, composta por Ary Barroso e Bastos Tigre, e interpretada por Orlando Silva para divulgar o produto. Essa marchinha tornou-se um grande sucesso no Carnaval de 1934 e é conhecida como o primeiro *jingle* brasileiro:

(Refrão)
Chope em garrafa
Tem justa fama
É o mesmo chope
Chope da Brahma.

Uma lenda australiana conta que, em 1943, um fazendeiro de cana-de-açúcar e poeta irlandês chamado **Dan Sheahan** teria ido ao pub Day Dawn, no estado de Queensland, para tomar uma cerveja gelada. Infelizmente, foi informado de que um comboio de soldados americanos havia passado por ali e tomado toda a cerveja disponível.

Com um copo de vinho na mão, isolado num canto do salão, Dan teria escrito o poema ***The pub without beer*** ("O pub sem cerveja"), que foi publicado, em 1944, num jornal rural semanal.

---

6 Cf.: https://en.wikipedia.org/wiki/The_Moon_Under_Water.

Gordon Parsons, cantor e compositor australiano de música *country*, usou os versos, adaptou a letra e criou **The pub with no beer**, que se transformou em sucesso na voz do cantor e músico australiano **Slim Dusty**, em 1957.

Esse é um exemplo de como o desgosto com a falta de cerveja num pub transformou-se numa "manifestação artística", ou seja, em um poema, e, anos depois, teria se modificado para tornar-se uma famosa música *country* australiana.

[...]
But there's nothin' so lonesome,
so dull or so drear
Then to stand in the bar of a pub
with no beer[7]

A cerveja Bavaria utilizou, em 1997, as duplas sertanejas mais famosas do Brasil, Leandro e Leonardo, Chitãozinho e Xororó e Zezé di Camargo e Luciano em sua campanha publicitária. Em um segundo comercial, a música "Cerveja" de Leandro e Leonardo foi adaptada para lançar também a sexta-feira como o "dia nacional da cerveja".

Hoje é sexta-feira
Chega de canseira
Nada de tristeza
Pega uma cerveja
Põe na minha mesa

É impossível pensar em música e cerveja e não se lembrar dos pubs irlandeses onde a música e a atmosfera de festa e alegria estão por toda parte. A música de 2010 "**An Irish Pub Song**", do grupo celta punk The Rumjacks, com vídeo no YouTube visto por mais de 1 milhão de pessoas, faz menção aos pubs "tipo" irlandeses que vêm sendo abertos na Austrália, mas que na realidade não seriam "pubs irlandeses", pois faltaria a atmosfera.

Citamos somente alguns exemplos entre tantos outros que existem em diferentes línguas e estilos musicais. Infelizmente, muitas músicas falam do consumo exagerado do produto, de embriaguez, da parte desagradável que vem com o excesso de bebida. Outras, no entanto, enaltecem a cerveja como uma fuga para um amor mal vivido ou como fonte de alegria numa roda de samba. A lista de músicas é enorme e não vai parar de crescer, pois a cerveja faz parte da vida social e privada de milhões de pessoas por esse mundo afora.

---

7   "Mas não há nada mais solitário, tedioso ou tão melancólico/Do que ficar no bar de um pub sem cerveja".

PINTURA E ESCULTURA

O ato de tomar uma cerveja foi representado em obras de arte de vários pintores com diferentes técnicas. Esses artistas retrataram um costume que foi moda em diferentes momentos históricos e que, com uma roupagem diferente, ainda é.

O pintor impressionista francês **Edouard Manet** (1832/1883) retratou, entre as suas pinturas de cenas da vida moderna de sua época, várias telas sobre bares e cafés. Nas telas *The Bock Drinkers*, *The Women Drinking Bocks* e *Café*, Manet retrata pessoas sentadas em bares com seus copos de cerveja. Em *Corner in a Café concert*, uma garçonete serve mesas com um copo de cerveja na mão.

O pintor, escultor e poeta **Pablo Picasso** (1881/1973), nascido em Málaga, na Espanha, é sem dúvida um dos artistas mais renomados e conhecidos do século XX. Entre suas telas encontram-se algumas da chamada "Fase Azul" (1901 a 1904). Nesse período de relativa tristeza, o pintor começou a criar telas monocromáticas em tons de azul e azuis esverdeados. Entre essas telas, *Le Bock, Portrait of Jaime Sabartes* retrata o jovem poeta Sabartes tomando cerveja num bar.

Entre os vários pintores contemporâneos que retrataram a cerveja, o americano Scott Clendaniel se sobressai pela quantidade de obras envolvendo a cerveja. Em 2011, desenvolveu o projeto *99 garrafas de cerveja na parede*. Em 2014, resolveu pintar uma tela diferente por dia no projeto *Ano das pinturas de cerveja*, pintando 365 telas com pelo menos uma cerveja de cada um dos 50 estados americanos.[8]

Algumas das telas de Scott são paródias, versões de pinturas de artistas famosos como Vincent Van Gogh e Salvador Dalí, nas quais acrescenta a cerveja em diferentes formas.[9]

A grande onda de cerveja, pintada por **Scott Clendaniel**, é uma paródia da icônica e internacionalmente famosa xilogravura (original esculpido em madeira) *The Great Wave off Kanagawa* da série "**Trinta e seis vistas do Monte Fuji**" (1820), criada pelo artista japonês **Katsushika Hokusai** (1760/1849).[10]

> Como pudemos ver, também no mundo das "belas artes" a cerveja se faz presente, retratando tendências e costumes, quebrando a seriedade de obras de arte clássicas ou mesmo sendo questionada como ícone.

---

8 Cf.: http://allaboutbeer.com/painters-find-inspiration-from-beer.
9 Cf.: https://realartisbetter.wordpress.com.
10 Cf.: http://www.katsushikahokusai.org.

12. O FUTURO DAS CERVEJARIAS

A sociedade em que vivemos está em constante movimento e constante mudança. Com a globalização, as coisas ficaram ainda mais rápidas; novidades criadas em um ponto distante do mundo acabam ficando à distância de um simples botão de computador. E isso está acontecendo com a arquitetura, o design, os usos e costumes e as tendências internacionais.

Vários aspectos de nossas vidas estão sujeitos a essa globalização, e assim também estará o destino das cervejarias, bares e pubs.

Estar atento ao que ocorre no cenário mundial passou a ser necessidade não somente para a sobrevivência de negócios tradicionais mas também para os novos pontos comerciais, que vêm sendo abertos num mundo bastante competitivo. Assim sendo, mudar e se adaptar será absolutamente necessário para sobreviver à concorrência que só tende a aumentar.

Uma das opções que têm sido utilizadas e que une "o útil ao agradável" é a transformação de espaços arquitetônicos importantes que perderam sua principal função em novas opções de entretenimento. As construções acabam ganhando novamente prestígio, pois são restauradas e reutilizadas. O **THE HAMILTON HALL PUB**, por exemplo, foi instalado na antiga sala de dança de um tradicional hotel de Londres, e hoje é visitado por turistas e frequentado diariamente por moradores locais, dada a sua arquitetura e o design de interiores totalmente restaurados e a excelente localização junto à estação Liverpool do metrô.

A reforma e a reestruturação de construções com características arquitetônicas interessantes e a localização atraente têm sido também exploradas no universo das cervejarias artesanais, como é o caso da **LA COTTA**, na Itália, que serve cerveja produzida no local e tem bar, restaurante e uma pizzaria com forno a lenha no segundo andar. O velho casarão foi reformado e foi anexada a ele uma construção nova, com projeto de arquitetura que segue os conceitos do design passivo, ao mesmo tempo que explora a vista e cria um ambiente bastante agradável na área do beer garden e do restaurante da cervejaria. A construção de um galpão viabilizou a produção de uma

cerveja de excelente qualidade, que utiliza água proveniente de uma nascente no local. Uma proposta como essa é bastante atraente, uma vez que possibilita total imersão no campo entre as montanhas.

A tendência de "saborear" uma cerveja, como uma experiência, chegou ao Brasil já há algum tempo e vem crescendo a olhos vistos. Com esse novo modo de tomar uma cerveja artesanal ou um chope, outros conceitos arquitetônicos e de design devem ser considerados, pois o público consumidor tenderá a ser cada vez mais especializado, mais exigente e, certamente, estará comparando experiências "made in Brazil" com o que pode ser experimentado no exterior.

O **THE PUB** optou, por exemplo, pela tecnologia, pela cerveja artesanal de qualidade, por uma hamburgueria e um espaço para jogos, *merchandising* e uma atmosfera bastante interessante para atrair fiéis clientes que fizeram dele seu terceiro lugar.

Localizado no subsolo de uma construção antiga, deixou à vista antigos arcos. A iluminação chama a atenção para o balcão na entrada, sinalizando onde começa a aventura. Cada cliente é registrado pelo nome e por um número de mesa.

As mesas têm uma torre central, com um pequeno monitor que é destacado por uma iluminação de *spot* direcionado. O cliente acessa seu nome e coloca a quantidade de cerveja que quiser em sua caneca. Nesse mesmo monitor pode-se selecionar a música ambiente, chamar o garçom ou ainda escolher e pedir comida.

Um telão e alguns televisores estão distribuídos pelos ambientes. Uma mesa de pebolim foi colocada num ambiente à parte das mesas, criando um espaço compacto, mas ideal para o divertimento com os amigos.

179

No Reino Unido, por exemplo, segundo afirma o jornalista inglês Michael Hogan em uma de suas matérias para o jornal *The Telegraph*,[1] trinta pubs tradicionais estão fechando a cada mês e, para poder sobreviver, eles estariam seguindo três tendências:

- abraçando a gastronomia como forma de atender a uma clientela que não quer simplesmente consumir cerveja saboreando petiscos;
- utilizando um design temático para se diferenciar dos concorrentes; ou
- transformando-se em pubs que vendem craft beer, ou seja, cervejas artesanais.

O certo é que, quando esses locais de consumo de cerveja vão se especializando e deixando de ser aquele velho pub, bar ou boteco que se frequentava sem grandes ambições, eles podem se transformar em ambientes mais caros, com mais regras e muito diferentes de como eram no passado, deixando de ser *o terceiro lugar* dos antigos frequentadores, mas atraindo novos.

Entre os lugares que se transformaram para continuar a existir, ou que colocaram como diferencial o design de interiores temático, está

---

[1] Cf.: Michael Hogan, "Why Wetherspoons are the best pubs in Britain", *The Telegraph*, 21/04/2015, disponível em http://www.telegraph.co.uk/men/the-filter/11550283/Why-Wetherspoons-are-the-best-pubs-in-Britain.html.

a **Ludus Luderia**. Segundo o site oficial de turismo da cidade de São Paulo,[2] o bar, especializado em jogos de tabuleiro, possui mais de novecentos jogos nacionais e internacionais, e oferece ao público que frequenta a casa a oportunidade de jogar antigos e novos jogos com amigos, ou de fazer novos amigos por meio de suas atividades e torneios.

Com uma solução de projeto bastante simples e totalmente informal, utiliza mais detalhes decorativos do que de design. O resultado é um espaço sem *glamour* ou grandes investimentos, mas que apostou em uma ideia, um conceito antigo de divertimento em que não se gasta muito, ideal para quem quer se divertir com jogos de tabuleiro, bebendo uma cervejinha bem gelada, nacional ou importada, como se estivesse na casa de um amigo.

Os pubs, bares, botecos ou cervejarias que possuem influência determinante em uma comunidade são os que podem sobreviver às novas tendências de comida e cerveja gourmet por meio de seu papel "social". Caso decidam passar por pequenas mudanças ou adaptações, é conveniente que não alterem detalhes ligados aos usos e costumes dos frequentadores assíduos da casa.

Pequenas mudanças, como novos tipos de cervejas e petiscos, sem que se vejam alterados a tradicional atmosfera e o estilo de serviços, poderiam atrair novos frequentadores em busca de um terceiro lugar mais ligado a um espírito comunitário.

O **The Barber Shop** é um exemplo interessante. Ganhador de inúmeros prêmios, desde melhor bar até melhor "local e conceito", foi inaugurado no centro da cidade de Sydney, na Austrália, há alguns anos. Esse estabelecimento uniu o tradicional serviço de barbearia a um bar que oferece aos fregueses a oportunidade de beber uma cerveja australiana ou diferentes drinques com velhos ou novos amigos enquanto espera para cortar o cabelo.

A atmosfera é agradável e tradicional, e a proposta da casa vem se mostrando um grande sucesso, pois otimizou a utilização do espaço com a barbearia abrindo cedo e o bar fechando tarde.

Os novos locais destinados a "conhecedores" ou "interessados" em provar ou conhecer tipos ou estilos diferentes de cerveja, ou seja, os consumidores gourmet, deverão, com certeza, empregar profissionais que saibam "oferecer" uma cerveja explicando como e por que ela se diferencia das outras.

Assim, academias e cursos para treinar e ensinar esse novo profissional do mundo cervejeiro a conhecer e diferenciar as cervejas,

---

2   Cf.: www.cidadedesaopaulo.com/sp/br/bares/4928-conheca-alguns-dos-bares-e-baladas-com-os-ambientes-mais-divertidos-da-cidade.

tornando-o um *beer sommelier* ou "*sommelier* de cerveja", é sem dúvida um ramo comercial que somente tende a crescer. Como no caso do mundo dos cafés, que vem exigindo cada vez mais pessoal qualificado para preparar a bebida, no mundo da cerveja isso não será diferente.

O bar **SAILOR BURGERS & BEERS**, aberto em 2015 em São Paulo, procura se diferenciar, primeiramente, como uma hamburgueria que faz harmonização de burgers autorais com cervejas artesanais; depois, como pub "*pet friendly*", com burgers e cerveja também para cachorros; e, finalmente, por ter um conceito de design temático focado nos *piers* americanos.

Com o aumento das opções *pop-up*, que são instalações alimentares temporárias que funcionam em eventos, festas, ou qualquer outro tipo de manifestação de uma comunidade, as **CERVEJARIAS POP-UP** passaram também a ser uma opção. Muitas podem ser encontradas pela Europa e pela Austrália. As instaladas em contêineres são utilizadas em festas e festivais mais longos. As menores utilizam tendas ou *trailers*, são mais flexíveis e podem ser transportadas mais facilmente.

anexo

CERVEJARIAS E PUBS

BAR BRAHMA: Av. São João, 667, Centro, São Paulo, Brasil

BAR DO LUIZ FERNANDES: Rua Augusto Tolle, 610, Mandaqui, São Paulo, Brasil

BEER O'CLOCK: 18 Faubourg, Saint Claire, Annecy, França

BIRRETTERIA BY BARAKA'S: Via XXV Luglio, 69, Morciano di Romagna, Itália

BREWHOUSE & KITCHEN: 17 Weymouth Avenue, Dorchester, Reino Unido

CAFÉ VLISSINGHE: Blekersstraat 2, Bruges, Bélgica

CERVEJARIA MUNIQUE: Shopping Center Norte, Travessa Casalbuono, 120, loja 404, Vila Guilherme, São Paulo, Brasil

CHEEKY MONKEY BREWERY & CIDERY: 4259 Caves Road, Wilyabrup, Austrália

CHOPERIA PINGUIM: Rua General Osório, 389, Centro, Ribeirão Preto, Brasil

CRAFTY CROW: 102 Friar Line, Nottingham, Reino Unido

EXCELENT URBAN PUB COMIX: Náměstí republiky 14a, Pilsen, República Checa

HAMILTON HALL: Liverpool Street Station, Liverpool Street, Londres, Reino Unido

INTERNATIONAL BEER CAFÉ LE TRAPPISTE: Kuipersstraat 33, Bruges, Bélgica

JET LAG PUB: Rua da Consolação, 3032, Jardins, São Paulo, Brasil

LA COTTA BIRRIFICIO ARTIGIANALE: Cà Corsuccio, Mercatale di Sassocorvaro, Pesaro e Urbino, Itália

LUDUS LUDERIA: Rua Treze de Maio, 972, Bela Vista, São Paulo, Brasil

RIBA: Rua General Urquiza, 188, Leblon, Rio de Janeiro, Brasil

ROSE & CROWN: Church Road, Bradford Abbas, Sherborne, Reino Unido

SAILOR BURGERS & BEER: Rua Vupabussu, 309, Pinheiros, São Paulo, Brasil

SCHLENKERLA: Dominikanerstrasse 6, Bamberg, Alemanha

SIX BELLS: The Green S, Worborough, Wallingford, Reino Unido

THE BARBER SHOP: 89 York Street, Sydney, Austrália

THE BARREL DROP: 7 Hurts Yard, Nottingham, Reino Unido

THE CANONBURY TAVERN: 21 Canonbury Pl, Londres, Reino Unido

THE GARDEN: 742 Newcastle Street, Leederville, Perth, Austrália

THE KELLERWALD FORCHHEIM BEER GARDENS: Forchheim, Alemanha

THE PUB: Prazska 77/1, Pilsen, República Checa

THE TROUT INN: 195 Godstow Road, Wolvercote, Oxfordshire, Reino Unido

THE WEST BAY HOTEL: Station Road, West Bay, Bridport, Reino Unido

YE OLDE TRIP TO JERUSALEM: 1 Brewhouse Yard, Nottingham, Reino Unido

BIBLIOGRAFIA

BAMFORTH, Charles. *Vinhos* versus *cervejas*. São Paulo: Editora Senac São Paulo, 2011.

BELTRAMELLI, Mauricio. Cervejas, brejas & birras. São Paulo: Leya, 2012.

BREWERY MUSEUM (Pilsen). *Textbook*. Pilsen, República Checa.

FERREIRA, Camila Augusta. *Rituais de consumo de cerveja: construção de vínculos e manifestações indentitárias*. Trabalho de iniciação científica submetido à Comissão de Pesquisa da Escola de Comunicações e Artes da Universidade de São Paulo, São Paulo, 2013.

GURGEL, Miriam. *Projetando espaços: guia de arquitetura de interiores para áreas residenciais*. 7ª ed. São Paulo: Editora Senac São Paulo, 2013.

JACKSON, Michael. *Birra: guida pratiche*. Milão: Mondadori Electa, 2008.

JONES, Will. *How to Read Houses*. Londres: Bloomsbury Publishing, 2013.

MORADO, Ronaldo. *Larousse da cerveja*. São Paulo: Editora Larousse, 2009.

OLDENBURG, Ray. *The Great Good Place*. Cambridge/Massachusetts: Da Capo Press, 1997.

OLIVER, Garrett. *A mesa do mestre-cervejeiro*. São Paulo: Editora Senac São Paulo, 2012.

SMITH, Gavin D. *Beer, a Global History*. Londres: Reaktion Books, 2014.

VIOTTI, Eduardo. Coleção Folha: *O mundo da cerveja*. Volumes 1 a 12. São Paulo: Editora Folha de São Paulo, 2012.

SITES

http://au.complex.com/pop-culture/2012/06/a-brief-history-of-flat-top-beer-cans/

http://beer.about.com

http://blog.beerkingstore.com.br

http://blogthebeerplanet.com.br/

http://encyclopedia.thefreedictionary.com/Public+houses

http://hitraveltales.com/kellerwald-forchheim-beer-gardens-a-franconian-forest-secret/

http://marciofonsecaimagemsemanal.blogspot.com.au/2013/07/cerveja.html

http://paladar.estadao.com.br/

http://super.abril.com.br/blogs/ideias-verdes/como-nasceram-as-embalagens/

http://uk.businessinsider.com/the-oldest-pubs-in-the-uk-according-to-their-claims-2016-10

http://vejario.abril.com.br/materia/cidade/bares-cenas-filme

http://www.abralatas.org.br/wp-content/themes/abralatas/docs/historiaConteudo.pdf

http://www.antigoegito.org

http://www.bbc.co.uk/history/trail/conquest/wessex_kings/birth_england_wessex_01.shtml

http://www.brejas.com.br

http://www.cervejahausbier.com.br/

http://www.cervejasdomundo.com

http://www.clubeer.com.br

http://www.news.com.au/lifestyle/food

https://andelino.wordpress.com/tag/topless-beer-can/

https://en.wikipedia.org/wiki/Harry_Potter

https://www.architecture.com/Explore/ArchitecturalStyles/Tudor.aspx

https://www.popchartlab.com/products/fantastical-fictive-beers

www.arteeblog.com/2015/10/5-pinturas-de-bares-por-edouard-manet.html

www.australianbeers.com

www.beveragejournalinc.com

www.bluebus.com.br

www.brejas.com.br/forum/fotos-videos-diversao

www.cervesia.com.br

www.choppashbycampinas.blogspot.com.au/2014/05/um-pouco-sobre-chopp-temperatura.html

www.convictcreations.com/culture/drinking.htm

www.encyclopedia.thefreedictionary.com/Public+houses

www.estudopratico.com.br

www.examiner.com

www.narcity.com – 10 magical Toronto places Straight out of a Harry Potter movie

www.nickelinstitute.org/en/NickelUseInSociety/MaterialsSelectionAndUse/FoodAndBeverage

www.novomilenio.inf.br/cultura/cult063l03.htm

www.telegraph.co.uk/foodanddrink/pubs/3336678/Nottinghamshire-Pub-Guide-Ye-Olde-Trip-to-Jerusalem-Nottingham.html

www.thisisthebarbershop.com

www.travelandleisure.com

www.usp.br/jorusp/arquivo/2006/jusp774/pag1011.htm

www.webstaurantstore.com

www.zythophile.co.uk

SOBRE OS AUTORES

MIRIAM GURGEL é formada em arquitetura pela Universidade Mackenzie, em São Paulo, e em treinamento e avaliação (*certificate IV in training and assessment*) pelo Central TAFE, em Perth, Austrália. Fez cursos de aperfeiçoamento em *architettura d'interni* e *lighting design*, em Milão, Itália. Foi professora na Escola Panamericana de Arte, em São Paulo, e na Universidade Moura Lacerda, em Ribeirão Preto. Lecionou diferentes disciplinas de arquitetura e design nos cursos de extensão da University of Western Australia (UWA) e de building design no Central TAFE, ambos em Perth, onde reside e desenvolve seus projetos há 18 anos. É autora de *Projetando espaços: guia de arquitetura de interiores para áreas residenciais*, *Projetando espaços: guia de arquitetura de interiores para áreas comerciais*, *Projetando espaços: design de interiores*, *Organizando espaços: guia de decoração e reforma de residências*, *Design passivo: baixo consumo energético* e *Café com design: a arte de beber café*, obras publicadas pela Editora Senac São Paulo e utilizadas como referência em diversos cursos de arquitetura e design de interiores no Brasil.

JOSÉ MARCIO FERNANDEZ CUNHA é graduado em turismo pela Unisal, pós-graduado em gestão de negócios em serviços de alimentação pelo Senac-SP e MBA em gestão empresarial pela FGV. Atua como consultor nas áreas de turismo, hotelaria, gastronomia, bebidas e harmonização, e como docente de turismo, hotelaria e gastronomia em nível superior. Atualmente é técnico de desenvolvimento profissional do Senac São Paulo na área de gastronomia, especializado em sala e bar; além de ter participado da elaboração, do desenvolvimento e da reformulação de diversos cursos da área na instituição. Também atuou em hotéis-escola e em redes hoteleiras nacionais e internacionais, além de ter sólida experiência como profissional e empreendedor no mercado de restaurantes, principalmente em casas especializadas em cervejas artesanais e importadas. Foi membro da Delegação Brasileira de Sommeliers de Cerveja, que participou do 3º Campeonato Mundial de Sommelier de Cervejas em Munique, Alemanha, em 2013. Atua como palestrante em eventos de bebidas de porte nacional e internacional.

CRÉDITOS DAS IMAGENS

FOTOS

p. 14, p. 15, p. 178: © Miriam Gurgel, cervejaria La Cotta

pp. 16-17, p. 121, p. 122: © Miriam Gurgel, cervejaria Cheeky Monkey Brewery

p. 18: © Miriam Gurgel, pub The West Bay Hotel

p.19, p.152, p. 153: © Miriam Gurgel, pub The Trout

p. 21, p. 161, p. 179, p. 180: © Miriam Gurgel, pub The Pub

p. 39, p. 40: © iStock

p. 91, p. 92: © Miriam Gurgel, inn Ye Olde Trip to Jerusalem

p. 95, pp. 138-139, p. 148, pp. 154-155: © Miriam Gurgel, pub Brewhouse & Kitchen

p. 97 © Miriam Gurgel, micropub The Barrel Drop

p. 101: © Miriam Gurgel, pub The Garden

p. 105, pp. 106-107: © Bar do Luiz Fernandes

p. 111: © Miriam Gurgel, Bar Brahma

pp. 118-119: © Miriam Gurgel, cervejaria Schlenkerla – Familie Trum

p. 124, p. 125, p. 137: © Miriam Gurgel, bar LeTrappiste

p. 127, p. 182: © Jet Lag Pub/Sailor Burgers & Beers

p. 129: © Miriam Gurgel, micropub The Beer O'Clock

p. 130, p. 132: © Miriam Gurgel, inn Rose and Crown

p. 133, p. 134, p. 160: © Miriam Gurgel, pub Excelent Urban Pub Comix

p. 158: © Miriam Gurgel, cervejaria The Kellerwald Forchheim Beer Gardens

p. 162, p. 163: © Miriam Gurgel, pub Crafty Crow

p. 165: © Miriam Gurgel, cervejaria Birretteria by Baraka's

p. 169, p. 170: © Miriam Gurgel, pub The Six Bells

p. 175: © Scott Clendaniel

p. 177: © Miriam Gurgel, pub Wetherspoon Pub Picture (Hamilton Hall)

ILUSTRAÇÕES

pp. 72-79: © iStock

pp. 140-145, pp. 156-157: © Miriam Gurgel

Este livro foi composto com as fontes Archer e Nexa Rust, impresso em couchê fosco 150 g/m².